L'HYPNOSE

PATRICK BELLET

L'HYPNOSE

Odile
Jacob

© Éditions Odile Jacob, mars 2002
15, rue Soufflot, 75005 Paris
www.odilejacob.fr
ISBN 2-7381-1133-5

« Rêver d'une ÉCHELLE signifie qu'une nuit la lune se penchera sur tes épaules en chuchotant qu'elle t'aime. »

John B. L. GOODWIN

À Françoise dont l'incomparable présence
a permis ce projet et tant d'autres.

À Aude, Romain et Emmanuel,
rivières de sourires.

À mes parents Dorine et Serge,
très affectueusement.

À Andrée et François, merci.

Introduction

Il est des mots qui ne laissent pas indifférent, des mots dont l'évocation suscite fascination et crainte, défiance et séduction ; parmi ceux-ci, l'hypnose occupe une place de choix.

Cette aura si particulière, ce sont ses détracteurs, ignorants et jaloux de ses possibilités, qui la lui ont donnée, au fil du temps : conformément au proverbe « Qui veut noyer son chien, l'accuse de la rage », les autorités académiques ont, pour défendre leur position dominante de rigide certitude, calomnié la pratique des magnétiseurs et, plus tard, caricaturé celle des médecins hypnotiseurs.

Je souhaiterais ici réhabiliter le travail de défrichage de nos prédécesseurs et montrer le profond humanisme qui animait ces hommes, non pas pour faire œuvre d'érudition, mais pour apprécier l'héritage méconnu dont nous bénéficions. Aujourd'hui, ils continuent d'alimenter notre travail et nous permettent d'utiliser l'hypnose dans de nouvelles indications, participant ainsi au progrès général de la médecine.

Il n'existe pas de véritable rupture entre ces premiers travaux et les nôtres. Les questions qui les préoccupaient et remplissaient des chapitres entiers de leurs ouvrages sont encore aujourd'hui les nôtres : que se passe-t-il quand une personne pratique ce qu'on appelait le « magnétisme animal » et maintenant l'hypnose ? Qu'est-ce qui est en jeu chez le thérapeute ? Que se passe-t-il chez le patient ? De quelle nature est la relation entre ces deux personnes ? Comment pratique-t-on l'hypnose et sous quelles conditions ? Quelle utilisation peut-on en faire ?

Mais, avant de développer, il me paraît utile de dissiper un certain nombre de préjugés. Ce mot d'hypnose, somme toute familier, est communément employé dans des acceptions à connotation péjorative, lorsqu'une personne serait soumise à une *influence*, « à l'insu de son plein gré ». De quoi parle-t-on ? Comme si la signification du mot « hypnose » était une évidence partagée aussi bien par le grand public que par celui plus spécialisé de la médecine et de la psychologie. Comme si la cause était, déjà, entendue.

Les applications thérapeutiques de l'hypnose nécessitent la parole : parole donnée, parole entendue, parole reçue, vecteur et trajectoire d'un esprit à un autre. Ce mouvement, réalité tangible et observable, se nomme la « relation thérapeutique ».

Mais la parole est subjective et la vérité n'est pas garantie, l'interprétation personnelle est de mise et ce dans la plus grande interactivité réciproque, exposant ainsi les interlocuteurs à un premier risque, celui du quiproquo. Le quiproquo est la première étape à franchir pour qui veut connaître un peu mieux ce domaine et commencer à répondre à la question : « Mais qu'est-ce donc que l'hypnose ? » On s'aperçoit que le vocable « hypnose » signifie à la fois un état, les moyens pour y parvenir et enfin un processus d'action thérapeutique qui découle de son usage. Pour prendre un exemple imagé, cela reviendrait à utiliser le mot « vélo » pour parler à la fois, de l'objet, de sa pratique et des possibilités qu'il offre pour aller quelque part. Trois aspects différents mêlés en une seule définition !

Cette triple confusion explique, en partie, les difficultés de compréhension et de connaissance de l'hypnose. L'opinion communément admise est qu'elle sent le soufre, qu'elle est une présentation travestie pour dissimuler l'ignorance et la crainte qu'inspirent les phénomènes hypnotiques. Le dogmatisme et l'obscurantisme officiels ont négligé les travaux cliniques de ceux qui consacraient leur temps et leur attention à soigner et à soulager leurs contemporains. Ce mépris a fait le lit des imposteurs qui se sont nourris de la controverse. Aussi, en ne considérant que les manifestations de ces charlatans, les conditions étaient requises pour justifier les critiques les plus sévères à l'encontre du magnétisme animal et de l'hypnose, pour englober en un même opprobre des praticiens de nature différente.

Un « balayage historique » présentera d'une part nos devanciers comme des précurseurs attentifs au bien-être de leurs patients et relèvera d'autre part les rendez-vous manqués de la science avec le progrès. Les premières thérapies de groupe, la musicothérapie, le pouvoir de l'imagination des patients, les possibilités de l'anesthésie et de l'analgésie hypnotiques ont été autant de nouveautés combattues par l'académisme. La science officielle s'accommode mal des apports qui contredisent ce sur quoi elle est fondée, et l'Histoire montre, les exemples en sont nombreux, que les progrès se font souvent par surprise et cheminent par ricochet. Les découvertes de la circulation sanguine, de la vaccination, des bactéries, de l'aseptie, de la rotation de la Terre autour du Soleil ont marqué des ruptures avec les conceptions jusque-là admises non sans envoyer au bûcher ou mettre au ban de la société les imprudents hérétiques.

L'inédit nous incite sans arrêt à reconsidérer nos vérités et nous défie. Ces faits hypnotiques rendent-ils compte des limites de nos conceptions antérieures, s'y intégreront-ils, allons-nous changer de repères ? L'hypnose a cette audace de revenir sans cesse nous questionner et probablement de nous donner rendez-vous avec nous-même. Mais, à ces rencontres, certains hésitent à se rendre. Encore aujourd'hui, une revue universitaire qui fait le bilan des dates et faits marquants dans le domaine de la psychologie ignore et passe sous silence la période particulièrement active de la fin du XIXe siècle, âge d'or de l'hypnose, pendant laquelle l'hypnose était étudiée, enseignée et pratiquée dans le monde entier. L'hypnose est la mère féconde, mais pas toujours reconnue, des thérapies actuelles, soit comme référence, soit comme repoussoir.

Mais qu'importent ces vicissitudes, l'hypnose est bien vivante. Elle est si vivante et se présente sous tant de formes qu'il est difficile aux colleurs d'étiquettes et d'autres codes barre d'en apprécier la présence à sa juste valeur. L'hypnose existe, mais où ? Qui l'a vue ? Est-ce une chose ? Une technique ? Un état ? Une interrelation ? Comment l'évaluer ? Directement ou par ses effets ? Le débat en ce domaine est ouvert depuis longtemps et pose la difficile question de la relation entre le psychisme et le somatique, ou plus simplement entre le corps et l'esprit.

Ce livre a pour projet de contribuer à une meilleure connaissance de la pratique de l'hypnose, de ses fondements et de ses indications. Un livre d'observation en quelque sorte, qui soit susceptible de stimuler des idées. Le lecteur trouvera dans ces pages, je l'espère, de quoi répondre à ses questions les plus immédiates, mais aussi des pistes de réflexion. Peut-être découvrira-t-il également les réponses à des questions qu'il n'imaginait pas, et ce sera le jeu du paradoxe… Cette exploration de l'univers de l'hypnose s'appuiera sur des faits historiques, sur ma pratique quotidienne de thérapeute, ainsi que sur les découvertes scientifiques les plus récentes.

CHAPITRE PREMIER

L'hypnose, charlatanisme ou science ?

Mesmer : la découverte du magnétisme animal

L'hypnose prend ses racines dans le magnétisme animal, découvert, ou inventé par un médecin viennois, Franz Anton Mesmer (1734-1815), à la fin du XVIIIe siècle en Autriche.

Mesmer est un médecin qui s'intéresse à la place de l'homme dans l'univers, thème dont il a fait son sujet de thèse de médecine au titre sans ambiguïté : *De l'influence des planètes sur le corps humain.*

Si l'influence des astres sur le corps le passionne, il s'intéresse également aux travaux du père Hell qui soignait ses patients par l'application d'aimants sur la peau.

Après avoir appris auprès de lui sa technique, il fait un « pas intellectuel » en pensant que lui-même, sans l'intermédiaire des aimants, avec son propre corps, pourrait se comporter comme une sorte de condensateur qui accumulerait l'énergie en circulation dans l'espace. Cette énergie accumulée mise en mouvement par la volonté de Mesmer en direction d'un patient permettrait par son passage dans le corps de celui-ci de restaurer la santé au moyen d'une prétendue crise salutaire.

C'est ainsi qu'il procède notamment auprès de l'une de ses jeunes patientes, prophétiquement nommée Mlle Paradis, souffrant de cécité hystérique. L'ayant admise en sa clinique, Mesmer utilise le magnétisme pour la soulager et y parvient en la guérissant de son affection, mais pas de sa particulière sensibilité ni de l'influence de son père qui crie au scandale, au charlatan, et se rallie le corps médical jaloux des succès de Mesmer. L'alliance véhémente de l'Académie de médecine avec les intérêts du père de la patiente, qui perd la rente octroyée par l'empereur en compensation de la cécité de sa fille, réussit à chasser Mesmer d'Autriche. Et Mlle Paradis de retrouver son aveuglement. Les choses étant rentrées dans l'ordre, il ne reste plus à Mesmer que l'exil, et celui-ci trouve en la France une terre d'accueil de choix, le pays des Lumières, des idées nouvelles et de la science en marche.

Arrivé en France, il commence modestement ses cures et, la renommée grandissant, il s'établit bientôt dans les lieux prestigieux de l'actuelle place Vendôme. À ses débuts, Mesmer pratique son art en séances individuelles, mais le succès le rend populaire et le conduit à adapter sa technique. Prolongeant sa conception physique du fluide animal qui peut se transmettre aux objets animés ou inanimés, Mesmer conçoit son fameux baquet permettant de traiter un plus grand nombre de personnes simultanément. Le baquet, dont le dernier exemplaire existant se trouve au Musée de la médecine de Lyon, se présente comme une sorte de tonneau en bois dans lequel sont disposées des bouteilles remplies d'eau reliées à des tiges de métal qui passent à travers le couvercle. Ces tiges mobiles étaient appliquées sur les parties malades tandis que les patients formaient une chaîne humaine autour du baquet ; pour en renforcer les effets, les patients s'attachaient entre eux par des cordes afin que le fluide animal circule harmonieusement. Ce dispositif peut être considéré comme l'ébauche de la thérapie de groupe.

Le grand bal est ouvert. Mesmer paraît à droite baguette en main et déclenche la circulation du fluide animal. Déjà à gauche une jeune femme pâmée « bénéficie » de la crise, attendue et redoutée, qui la soulagera ! Un assistant de Mesmer s'apprête à la conduire dans le cabinet capitonné des crises. Le fluide animal ne connaît pas les barrières sociales ; à l'arrière-plan, on distingue le baquet réservé aux indigents. Bibliothèque nationale, Paris.

Mesmer est un médecin ambitieux, sûr de lui, ce qui n'enlève rien à ses qualités d'invention, d'observation et à des goûts artistiques de qualité. Ami de Mozart, il introduit

Le dernier exemplaire de baquet visible au Musée d'histoire de la faculté de médecine et de la pharmacie à Lyon. Parfaitement conservé, il contient les bouteilles qui se chargeaient en fluide avant de s'en échapper par les tiges métalliques mobiles placées sur le dessus. Les cordes servaient à former la chaîne magnétique entre tous les patients. Il est prêt à l'emploi. Musée d'histoire de la médecine et de la pharmacie, Lyon.

l'harmonica en France et, pionnier en la matière, fait participer un orchestre de chambre aux séances collectives autour du baquet. Mesmer est, peut-être, le premier musicothérapeute occidental.

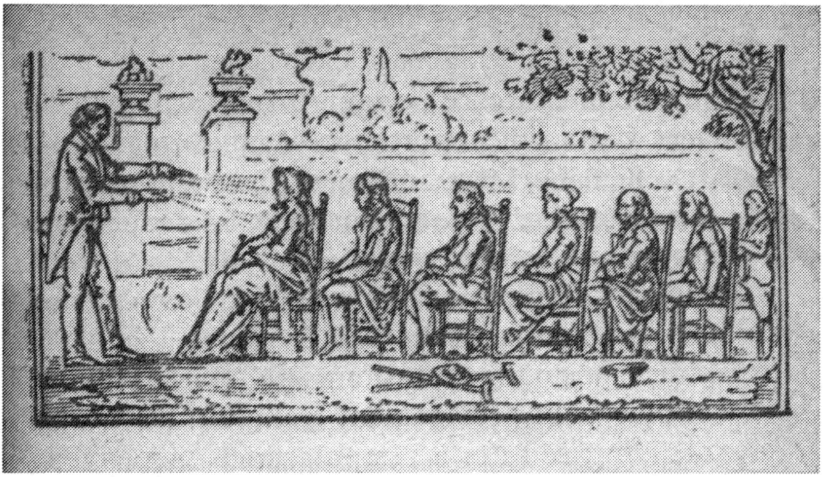

Inspiré par une théorie cosmogonique, le magnétiseur est particulièrement à son aise en plein air pour magnétiser. Cette illustration montre clairement le fluide qui émane des mains du magnétiseur vers son assistance disciplinée. Les béquilles et chapeaux épars sur le sol attestent que le fluide animal agit des pieds à la tête. Une panacée... Gravure extraite de Rouxel, *Histoire et philosophie du magnétisme*, Paris, Librairie du magnétisme, 1894.

Ces cures sont une habile mise en scène. Imaginez, sur un fond de musique, ce baquet autour duquel les patients sont reliés, attendant que Mesmer, impérial, donne le signal du début de la séance d'un mouvement de sa baguette. Tout est réuni pour frapper les esprits et favoriser une ambiance propice à l'apparition des crises magnétiques si nécessaires selon lui à la guérison. Celles-ci ne manquent pas de se produire et, comme cela est souvent le cas, les jeunes femmes qui éprouvent de si fortes émotions sont conduites en un salon capitonné où, sans risque ni danger, les crises prennent toute l'amplitude attendue.

Pour Mesmer, la compréhension des maladies se résume à un dérangement du bon ordre de la nature, et le rétablissement de la santé passe par une remise en harmonie grâce à l'intervention du fluide animal ; son passage occasionnant la crise qui elle-même signe la guérison ou pour le moins le soulagement. Le traitement peut nécessiter plusieurs séances.

Dans sa pratique, Mesmer n'impose pas sa volonté et ne fait aucune suggestion verbale spécifique. La seule suggestion, et elle est de taille, est sa prétention à posséder un secret pour capter et distribuer cette énergie cosmique et à produire des effets selon sa volonté. Le mystère de ce contexte à visée thérapeutique, la mise en scène, l'ambiance contribuent à générer et à manifester les désirs latents des participants.

Sa connaissance se limite à une appréhension physique du phénomène, rien d'autre.

Cependant, son succès, qui s'étend de l'aristocratie aux indigents, pour qui il organise des séances gratuites, n'est pas suffisant à ses yeux. Son orgueil le pousse à vouloir être reconnu comme un bienfaiteur de l'humanité, statut qui aurait satisfait sa vanité et son goût du lucre par les rentes qui s'y seraient attachées. Ainsi il n'avait de cesse de vouloir faire apprécier son travail par les Académies de médecine et des sciences.

Le magnétisme animal est condamné et interdit

➤ *Le rapport des commissaires du roi ou le rendez-vous raté*

Son désir est en partie exaucé en 1784 avec la nomination par Louis XVI de deux commissions chargées d'examiner l'existence de ce fameux fluide animal. Son principal élève à l'époque, le Dr d'Eslon (1739-1786), est chargé de leur en démontrer la réalité.

Ces commissions qui comportent d'éminents savants, tels le chimiste Lavoisier (1743-1794), le physicien Benjamin Franklin (1706-1790), le naturaliste Jussieu (1748-1836), le Dr Guillotin (1738-1814), se livrent à de très rigoureuses expériences en aveugle[1] pour conclure premièrement à l'inexistence du fluide animal et secondairement au fait que les soulagements et les guérisons des patients ne sont dus qu'à leur imagination. D'Eslon avait déjà répondu en 1780 à la dernière objection lors d'un débat au conseil de la faculté : *« Si Mesmer n'avait d'autre secret que celui de faire agir l'imagination efficacement pour la santé, n'en aurait-il pas toujours un bien merveilleux ? Car, si la médecine d'imagination était la meilleure, pourquoi ne ferions-nous pas de la médecine d'imagination ? »*

Seul le botaniste Jussieu se tient à l'écart de ces rapports et propose le sien dans lequel, tout en admettant le rôle de l'imagination dans la production des effets du magnétisme, il s'interroge sur « *le principe qui s'insinue dans les corps* ».

La publication de ces rapports sonne le glas de la carrière parisienne de Mesmer. Aux détestables répercussions officielles s'ajoutent les procès alimentés par des querelles de personnes et d'argent. Ces conflits conduisent à nouveau Mesmer sur la route de l'exil vers les bords du lac de Constance où il trouve enfin la sérénité et mène une vie paisible jusqu'à l'âge de 81 ans.

1. Expérience en aveugle : technique qui permet d'évaluer la validité d'un procédé, d'une substance en faisant en sorte que le sujet d'expérience ne sache pas quel procédé, quelle substance sont testés.

➤ *Découverte historique du rôle de l'imagination...*

Les autorités de l'époque ainsi que les défenseurs du magnétisme animal ne se sont arrêtés qu'à la première conclusion qui a été à l'origine de la condamnation et de l'interdiction de la pratique du magnétisme par les médecins.

Les uns et les autres, à l'instar du sage qui désigne la lune, ne regardent que le doigt qui la montre ! Les uns et les autres se disputent sur les raisons, les causes, mais ne voient pas l'essentiel ; il leur aurait fallu pour cela renoncer à leur position égocentrique et s'intéresser à celle des patients. Souvent ce qui est caché est évident. Les célèbres illusions d'optique qui font la joie des cours de récréation trouvent leurs correspondances dans le domaine intellectuel. Savoir observer est difficile. Il en est souvent ainsi, il convient que coïncident le temps, le lieu et les individus. Et, lorsque le dernier procès-verbal est envoyé au roi, le 16 août 1784, l'heure n'a pas encore sonné. Les uns et les autres négligent une constatation fondamentale : l'imagination des patients comme facteur de guérison !

Mais a-t-on fait tant de progrès en ce domaine depuis ce mois d'août 1784 ?

L'imagination comme thérapie, probablement une révolution à venir...

➤ *... et de la délicate relation médecin-patient*

Si la science a condamné comme une erreur l'affirmation de l'existence du fluide animal, un autre rapport confidentiel, rédigé par Bailly et adressé au roi, décrit les possibles dérives de la pratique du magnétisme comme nuisibles aux bonnes mœurs. En effet, la proximité d'un homme

Le papillon
Une image ancienne qui faisait la joie des enfants. Ancêtre des images conçues par ordinateur et qui requièrent un « œil magique » pour les voir. Image d'Épinal, collection particulière.

d'âge mûr et d'une jeune femme impressionnable ne peut que favoriser des rapprochements que la bienséance ne peut qualifier de thérapeutiques. Ainsi à l'erreur scientifique s'ajoute la suspicion sexuelle permettant à la raison et à la morale de s'unir pour jeter l'opprobre sur les magnétiseurs. Déjà à cette époque, l'esprit malicieux de ces scientifiques voit, prévoit, voire prédit, un futur licencieux auquel seraient soumises les patientes sans défense face aux désirs des magnétiseurs. Et c'est sûrement par vertu qu'il faut écarter le magnétisme de ces tentations ! Cependant, Lavoisier, immense chimiste, et par ailleurs royaliste constitutionnel collecteur d'impôts, n'a pas su se prémunir le 8 mai 1794 de l'invention de son collègue le Dr Guillotin, pas plus que Bailly, maire de Paris, qui a succombé également sur l'échafaud. La légende prétend que, sur le passage de la charrette fatale, Mesmer se découvrit devant Bailly.

La guerre est engagée et l'incompréhension va durer près d'un siècle, mais, avant d'en arriver à la deuxième période fructueuse, suivons le cours des événements.

Puységur : du magnétisme animal regardé comme une pratique morale

➤ *Un arbre pour magnétiser les paysans*

Loin de la tourmente des polémiques de la capitale, un autre élève de Mesmer œuvre en province. Le marquis de Puységur (1751-1825), artilleur de son état, applique en élève zélé et discipliné les préceptes de son maître. Il soigne les paysans de ses domaines de Buzancy en adaptant la pratique au contexte rural.

Pour satisfaire l'affluence des villageois, il remplace le baquet par un orme dont les branches sont munies de cordes pour former la chaîne de circulation du fluide. Et, suivant l'exemple de son maître, il pratique ses séances collectives au son de la musique dont il dispose : les cuivres et tambours de la musique militaire !

Dès l'origine, Puységur, ses frères et Deleuze conçoivent le magnétisme animal comme une pratique morale, une philosophie, voire une ascèse.

Puységur écrit en 1784 dans les premières pages de son ouvrage princeps *Mémoires pour servir à l'histoire et à l'établissement du magnétisme animal* que les résultats des futurs magnétiseurs dépendent *« du travail qu'ils auraient fait sur eux-mêmes »*, *« que l'homme qui magnétisera avec le plus de succès ne devra jamais en tirer vanité »* et qu'*« une base viendra lier les hommes ; ce sera le désir de faire du bien »*.

Voilà bien des précautions, édictées par un artilleur, auxquelles nous souscrivons d'emblée deux siècles plus tard !

➤ *Découverte fortuite du somnambulisme artificiel et de ses produits dérivés*

Dans cet esprit, Puységur magnétise, aussi, des patients en séances individuelles. Cette même année 1784, le 4 mai, se produit un changement important, une rupture dans le déroulement attendu d'une séance de magnétisme. Son patient, nommé Victor, souffre de troubles pulmonaires depuis quatre jours. Après quelques minutes de magnétisation, au lieu de présenter une crise comme à l'ordinaire, Victor s'apaise, s'endort non pas d'un sommeil lourd mais d'un sommeil d'un type particulier. Au cours de ce sommeil, Victor peut parler, répondre à des questions et même se mouvoir. Puységur vient de découvrir, fortuitement, le somnambulisme artificiel.

Et c'est une découverte d'importance.

Le patient, dans cette situation, est autonome, il agit par lui-même et semble doué de connaissances ou d'accès à des connaissances que son état de conscience habituel ne lui permet pas d'apprécier. Il peut porter un diagnostic sur sa maladie, en prescrire le traitement et en prévoir l'évolution.

C'est une véritable révolution, tout d'abord dans la pratique du magnétisme animal et plus largement dans le cadre d'une relation thérapeutique. Le magnétiseur aide le sujet à parvenir à cet état privilégié dans lequel des possibilités nouvelles apparaissent. L'action prend son origine chez le patient ; le thérapeute, qui n'est là que pour créer les conditions favorables à sa mise en route, se trouve ainsi placé dans une situation subalterne.

Cependant, Puységur prête foi aux allégations de Victor et cette séance en quelque sorte inaugurale introduit les notions douteuses de clairvoyance et de prévision qui nourriront la polémique entre ses élèves et successeurs et leurs opposants.

➤ *Les « sociétés de l'harmonie »*

La famille Puységur, vouée au métier des armes et dont le grand-père a été maréchal de Louis XIV, possède aussi un goût prononcé pour ce qui s'appelle la philanthropie et l'applique au développement du magnétisme. Ainsi, les deux frères du marquis essaiment la discipline magnétique au gré de leurs affectations, tant en France qu'à Haïti. Le comte Chastenet de Puységur (1752-1809) commande un bateau, le *Frédéric-Guillaume*, qu'il transforme en un gigantesque baquet dont l'équipage, soumis en permanence au magnétisme, va bénéficier de nombreuses guérisons. Aux exploits magnético-maritimes de Chastenet répondent les non moins extraordinaires résultats du comte Maxime (1755-1848) qui en pleine manœuvre militaire réussit à ranimer d'une attaque d'apoplexie un de ses officiers, cela sans nuire à la qualité de l'exercice. À Bayonne où il est affecté, il guérit soixante malades dont le récit des cures est publié. À son départ, il laisse une coquette somme, geste généreux et plein d'assurance, pour veiller aux dépenses de ceux qui voudraient contester et enquêter sur ces guérisons !

La devise du marquis de Puységur était : « Croyez et veuillez », devise d'exhortation à la foi, à la confiance et à la volonté qui résume l'utile détermination du magnétiseur dans l'exercice de son art.

Mesmer et Puységur créent, sur le modèle de la franc-maçonnerie, des sociétés qui portent le nom de « Société de l'Harmonie ». Ces sociétés ont pour objectif la propagation du magnétisme par son enseignement au sein de ces structures. Les buts de ces sociétés dépassent la philanthropie et ont une portée sociale, voire politique et révolutionnaire. Elles disparaissent malgré tout à la Révolution.

La portée sociale, voire politique et révolutionnaire, des « Sociétés de l'Harmonie »

« L'humanité ! quel mot a retenti dans le Nouveau Monde ! Mânes des Américains, élevez-vous de votre terre natale ! Tristes Africains, soulevez vos fers ! Et toi, homme blanc, leur oppresseur, orgueilleux Européen… écoute-moi : l'Amérique offre le contraste le plus effrayant ! Au nord, l'homme sauvage est libre comme la nature ; au sud, l'homme dégradé est vendu et traité comme un vil bétail ; l'Europe arrache à l'Afrique ses enfants afin d'arroser de leur sueur le sol de l'Amérique, qui est encore teint du sang de ses premiers habitants.
Nous détestons ces atrocités ; elles sont l'ouvrage d'une politique égarée dans ses principes, et non le crime des particuliers régis par cette même politique. […]
La servitude est un état de guerre entre le maître et l'esclave. La prospérité des colonies et la multiplication des Noirs, qui en est la suite nécessaire, changent tous les jours le rapport

> entre la force qui donne des fers et la faiblesse qui les reçoit.[…]
> Que l'homme féroce qui, comme Caïn, a répandu le sang de son frère ne soit jamais reçu parmi nous ; que celui d'entre nous qui aura souillé sa main du sang d'un esclave, ou qui aura exercé sur lui des traitements tyranniques, soit rayé du tableau de notre société ; il a troublé l'ordre, il a détruit un chaînon de la chaîne sociale ; il s'est séparé lui-même de la société ; ce n'est plus un homme, c'est une bête féroce dont l'existence doit être solitaire et horrible comme son caractère. »
> *Extraits du discours inaugural du comte Chastenet de Puységur, lors de la fondation de la Société magnétique du Cap-Français (Haïti) en 1784, in* L'Hermès. Journal du magnétisme animal, *1828.*

L'époque est troublée, d'abord prérévolutionnaire et bientôt révolutionnaire. Les acteurs principaux de la scène magnétique sont malmenés par le rapport des commissaires du roi ; Mesmer contraint à l'exil, d'Eslon et les autres médecins magnétiseurs condamnés à ne plus pouvoir exercer la médecine et les militaires, nombreux à s'intéresser au magnétisme, vont être mobilisés pour des tâches moins pacifiques.

Cette période de la Révolution à la Restauration est une parenthèse dans le développement du magnétisme. La paix revenue, les esprits peuvent à nouveau s'occuper à d'autres desseins.

L'abbé de Faria : apparition de la suggestion

En ce début du XIXe siècle, une autre approche technique voit le jour, celle de la suggestion. L'inventeur de cette technique est l'abbé de Faria (1756-1819) qui ne croit pas à la théorie du fluide animal, mais pense au contraire que les résultats proviennent de la mise en situation et de ce qu'attend le patient. Après avoir choisi les sujets qui lui paraissent favorables, il leur enjoint de s'installer confortablement, de fermer les yeux et de concentrer leur attention sur l'idée du sommeil. Après un moment variable d'attente active, la suggestion « *dormez !* » est donnée ; de la même façon, pour terminer la séance, la suggestion « *réveillez-vous !* » est énoncée. Il s'est opposé aux tenants du magnétisme, d'une part en estimant que le « sommeil magnétique » n'est pas autre chose qu'un état de concentration et d'autre part que l'on ne « fabrique » pas des magnétisés qui ne soient pas déjà des sujets favorables. Rejeté par ses contemporains, méconnu de nos jours, il peut être, cependant, considéré comme le précurseur de Braid, de l'école de Nancy et de l'hypnose actuelle par sa conception de la relation patient-thérapeute dans laquelle le concentrateur (terme de de Faria pour désigner le thérapeute) développe les facultés ou les dispositions naturelles de son patient. Il indique, autre élément important, que ces facultés se développent avec la répétition des séances comme une véritable éducation, un entraînement. Ainsi, il utilise la suggestion du sommeil pour obtenir cet état de somnambulisme artificiel. de Faria se distingue aussi par sa conception individuelle du traitement, corollaire de la suggestion, et sa relative efficacité à l'encontre du magnétisme qui prétend tout guérir à partir de ce principe universel. Il décrit les premières suggestions posthypnotiques, utilise le placebo et les premiers effets de l'anesthésie hypnotique ; mais son audace pratique et théorique l'isole du milieu magnétique et ne le rapproche pas pour autant des médecins, il meurt en 1819 sans avoir fait école. Ses lointains successeurs, tel Bernheim, reconnaîtront en lui le premier tenant de l'hypnose à contenu psychologique. La première et seule réédition de son livre initialement publié en 1819 ne vient qu'en 1904 ! De Faria, au demeurant personnage pittoresque, a été ressuscité par Alexandre Dumas dans la cellule voisine du comte de Monte-Cristo au château d'If.

Son exemple technique n'est suivi qu'en 1843 par James Braid, celui-ci se défendant de s'être inspiré de lui.

À noter, à titre anecdotique : en 1820, un autre auteur, d'Hénin de Cuvilliers (1755-1841), créa à partir de racines grecques les mots hypnotisme et hypnotiseur, noms repris plus tard avec le succès que l'on connaît par Braid.

Deleuze : la recherche du bien-être du patient ou le premier code d'éthique du magnétisme animal

Deleuze (1753-1845), bibliothécaire au Muséum de Paris, était connu, également, pour ses travaux de naturaliste. Cet auteur, surnommé *« l'Hippocrate du magnétisme animal »*, fait référence tout au long du XIXe siècle pour ses qualités de discernement et de prudence. Il écrit un ouvrage de renom sur les conditions à respecter pour pratiquer le magnétisme. Dans cet ouvrage, il énumère un certain nombre de règles, que nous qualifierions d'éthiques, pour prétendre à être un magnétiseur digne de ce nom et de la confiance que lui accordent les patients.

En ce sens, il se place comme le fils spirituel de Puységur. Voici quelques exemples tirés de son ouvrage, *Instruction pratique sur le magnétisme animal,* publié en 1825, où il précise, entre autres conditions morales nécessaires à l'exercice du magnétisme, celles d'avoir *« le senti-*

ment de bienveillance qui nous unit à un être souffrant », « la patience, qui empêche de se lasser dans une lutte longue et pénible, le désintéressement, qui porte à s'oublier soi-même pour ne s'occuper que de l'être à qui l'on donne ses soins, et qui éloigne la vanité et même la curiosité », « on ne doit magnétiser ni par curiosité, ni pour produire des effets surprenants, ni pour convaincre les incrédules ; mais uniquement pour faire du bien ».

Deleuze considère que seul compte le bien-être du patient et que celui-ci ne doit être l'objet d'aucune expérimentation ; d'autre part, loin de penser posséder un quelconque don ou pouvoir personnel, il enseigne au mari à magnétiser sa femme, à la mère à magnétiser ses enfants et réciproquement. Il place le magnétisme aux côtés de la médecine.

Si pouvoir il y a, il est bien partagé ; encore une fois la réalité de la pratique de ces hommes est bien loin de la réputation que la science officielle leur a faite !

➤ *Les techniques de base du magnétisme animal* [1]

« J'écris pour ceux qui, ne sachant encore rien, seraient embarrassés pour exercer une faculté dont l'existence n'est pas un doute pour eux, et je vais leur enseigner la manière de magnétiser que j'ai adoptée d'après les instructions que j'ai reçues, et d'après les observations que j'ai recueillies ou que j'ai faites moi-même pendant trente-cinq ans.

Lorsqu'un malade désire que vous essayiez de le guérir[2] *par le magnétisme et que sa famille et son médecin n'y mettent*

---

1. Technique de base destinée à enseigner la pratique du magnétisme animal tirée du livre de Deleuze, *Instruction pratique sur le magnétisme animal*, Paris, Dentu, 1825.
2. « J'ajoute les mots à soulager ou guérir, parce que toute méthode qui a pour but de produire des effets surprenants et de montrer la puissance du magnétiseur est essentiellement vicieuse » (note de Deleuze).

aucune opposition : lorsque vous sentez le désir de seconder ses vœux, et que vous êtes bien résolu de continuer le traitement autant qu'il sera nécessaire ; fixez avec lui l'heure des séances ; faites-lui promettre d'être exact, de ne pas se borner à un essai de quelques jours, de se conformer à vos conseils pour son régime, de ne parler du parti qu'il a pris qu'aux personnes qui doivent naturellement en être informées.

Une fois que vous serez ainsi d'accord, et bien convenus de traiter gravement la chose, éloignez du malade toutes les personnes qui pourraient vous gêner ; ne gardez auprès de vous que les témoins nécessaires (un seul s'il se peut), et demandez-leur de ne s'occuper nullement des procédés que vous employez et des effets qui en sont la suite, mais de s'unir d'intention avec vous pour faire du bien au malade : arrangez-vous de manière à n'avoir ni trop chaud ni trop froid, à ce que rien ne gêne la liberté de vos mouvements, et prenez des précautions pour n'être pas interrompu pendant la séance.

Faites ensuite asseoir votre malade le plus commodément possible, et placez-vous vis-à-vis de lui, sur un siège un peu plus élevé, et de manière que ses genoux soient entre les vôtres et que vos pieds soient à côté des siens. Demandez-lui d'abord de s'abandonner, de ne penser à rien, de ne pas se distraire pour examiner les effets qu'il éprouvera, d'écarter toute crainte, de se livrer à l'espérance, et de ne pas s'inquiéter ou se décourager si l'action du magnétisme produit chez lui des douleurs momentanées.

Après vous être recueilli, prenez ses pouces entre vos deux doigts, de manière que l'intérieur de vos pouces touche l'intérieur des siens, et fixez vos yeux sur lui. Vous resterez de deux à cinq minutes dans cette situation, ou jusqu'à ce que vous sentiez qu'il s'est établi une chaleur égale entre ses pouces et les vôtres. Cela fait, vous retirerez vos mains, en les écartant à droite et à gauche et les tournant de manière que la surface intérieure soit en dehors, et vous les élèverez jusqu'à la hauteur de la tête : alors vous les poserez sur les deux épaules, vous les y laisserez environ une minute, et vous les ramènerez le long des bras jusqu'à l'extrémité des doigts, en touchant légèrement. Vous recommencerez cette passe[1] *cinq ou six fois, toujours en détournant vos mains et les éloignant un peu du corps pour remonter : vous placerez ensuite vos mains au-dessus de la tête, vous les y tiendrez un moment, et vous les descendrez en passant devant le visage à la distance d'un ou deux pouces jusqu'au creux de l'estomac. Là, vous vous arrêterez encore environ deux minutes, en passant les pouces sur le creux de l'estomac et les autres doigts au-dessous des côtes.*

Puis vous descendrez lentement le long du corps jusqu'aux genoux, ou mieux, et si vous le pouvez sans vous déranger, jusqu'au bout des pieds. Vous répéterez les mêmes procédés pendant la plus grande partie de la séance. Vous vous rapprocherez aussi quelquefois du malade de manière à poser vos mains derrière ses épaules pour descendre lentement le long de l'épine du dos, et de là sur les hanches et le long des cuisses jusqu'aux genoux ou jusqu'aux pieds. Après les premières passes, vous pouvez vous dispenser de poser les mains sur la tête, et faire les passes suivantes sur les bras en commençant aux épaules, et sur le corps en commençant à l'estomac.

Lorsque vous voudrez terminer la séance, vous aurez soin d'attirer vers l'extrémité des mains et vers l'extrémité des pieds, en prolongeant vos passes au-delà de ces extrémités, et

1. « J'emploie ici le mot passe, qui est connu de tous les magnétiseurs ; il s'entend de tous les mouvements qu'on fait avec les mains en passant sur le corps, soit en touchant légèrement, soit à distance. » (note de Deleuze)

secouant vos doigts à chaque fois. Enfin, vous ferez devant le visage et même devant la poitrine quelques passes en travers, à la distance de trois ou quatre pouces. Ces passes se font en présentant les deux mains rapprochées et en les écartant brusquement l'une de l'autre, comme pour enlever la surabondance de fluide dont le malade pourrait être chargé.

Vous voyez qu'il est essentiel de magnétiser, toujours en descendant de la tête aux extrémités, et jamais en remontant des extrémités à la tête. C'est pour cela qu'on détourne les mains, quand on les ramène des pieds à la tête. Les passes qu'on fait en descendant sont magnétiques, c'est-à-dire, qu'elles sont accompagnées de l'intention de magnétiser. Les mouvements qu'on fait en remontant ne le sont pas. Plusieurs magnétiseurs secouent légèrement leurs doigts après chaque passe. Ce procédé, qui n'est jamais nuisible, est avantageux dans certains cas, et par cette raison, il est bon d'en prendre l'habitude.

Quoique vers la fin de la séance, on ait eu soin d'étendre le fluide sur toute la surface du corps, il est à propos de faire en finissant quelques passes sur les jambes, depuis les genoux jusqu'au bout des pieds. Ces passes dégagent la tête. Pour les faire plus commodément, on se place à genoux vis-à-vis de la personne qu'on magnétise. »

Dupotet : les premières expériences hospitalières de magnétisme à l'Hôtel-Dieu

En 1820, Dupotet (1796-1881) inaugure les premières expériences de magnétisme à l'Hôtel-Dieu de Paris dans le service de Récamier. Ces premiers expérimentateurs s'ingénient à pratiquer une méthodologie dont l'audace le dispute à une certaine dose de sadisme ! Quel contraste avec les recommandations de Deleuze !

Mais il faut dire à leur décharge que Dupotet et ces expérimentateurs partagent le même goût du merveilleux. L'un prétend et veut démontrer des extravagances du type vision à travers les corps opaques, tandis que les autres estiment que ces balivernes rendent compte de la réalité factice des manifestations du magnétisme. Aveuglés par le spectaculaire, les uns et les autres négligent l'aspect le plus important, la capacité et l'intérêt à soulager des malades.

Voici quelques exemples édifiants d'expériences destinées à démontrer la non-sensibilité des magnétisés : « *On commença par leur passer des barbes de plume très légères sur les lèvres et sous les ailes du nez ; puis on leur pinça la peau, de telle sorte que des ecchymoses en étaient les suites ; puis on introduisit de la fumée dans les fosses nasales ; on mit dans un bain de moutarde fortement sinapisé, et dont l'eau était à un très haut degré de chaleur, les pieds d'une somnambule. Aucun de ces moyens ne détermina le plus léger changement, pas la plus légère marque de souffrance ; le pouls, interrogé, n'offrait aucune altération. Mais au moment du réveil, toutes les douleurs qui devaient être la suite immédiate de ces expériences furent vivement senties, et les malades s'indignèrent du traitement qu'on leur avait fait subir.* »

Ces résultats enhardissent des médecins et conduisent Récamier à vouloir explorer davantage cet état de non-sensibilité (terme d'époque). Dans ce but, il n'hésite pas à appliquer des moxas (brûlures) sur la cuisse ou sur l'abdomen de plusieurs patients sans que ceux-ci ne manifestent au cours de la magnétisation une quelconque gêne ou douleur. Pour éprouver la profondeur du magnétisme, d'autres expériences utilisent l'ammoniac concentré placé plusieurs minutes sous le nez ; mais, après le feu et les gaz, le test du fer est appliqué sous la forme de longues aiguilles que l'on enfonce à l'improviste dans les membres. Ces expériences démontrent la capacité d'analgésie développée par ces patients. Malgré cela Récamier se dit *« ébranlé, mais non convaincu »*.

Les relations houleuses de l'hypnose et de la science

➤ *Regain d'intérêt, valse-hésitation de l'Académie royale de médecine*

À la suite des expériences de Dupotet, l'Académie royale de médecine s'intéresse à nouveau au magnétisme animal et nomme en 1826 une nouvelle commission chargée d'examiner les faits nouveaux qui sont portés à sa connaissance. Pour appuyer la constitution de cette commission, Husson, rapporteur de la commission, met en avant le fait que, depuis Mesmer, le magnétisme a évolué. Les baquets n'étant plus en usage, les traitements publics ont cessé, les crises ont disparu et avec elles les risques de voir des jeunes femmes céder à l'immoralité masculine. Celles-ci d'ailleurs avaient appris à se magnétiser entre elles, écartant cette accusation libidineuse, sournoisement contenue dans le rapport de Bailly.

En 1831, après cinq années de travail, Husson encourage les magnétiseurs par la présentation, rendue publique, d'un rapport favorable mais qui ne sera pas pour autant adopté par l'Académie.

Nombre de médecins, magnétiseurs eux-mêmes, exhortent Husson à faire adopter son rapport, mais son contenu extraordinaire effraie la vénérable assemblée. Husson a multiplié et amplifié les assertions les plus extravagantes des magnétiseurs et l'on peut comprendre que l'Académie hésite à publier ce texte.

Ce rapport englobait des observations très diverses concernant à la fois les domaines de la pathologie et de la thérapeutique, mais aussi, et c'est là que le bât blesse, les domaines du merveilleux, c'est-à-dire des phénomènes de clairvoyance appliqués au diagnostic et au pronostic des maladies, la vision à travers les corps opaques ainsi que le développement de perceptions sensorielles se passant des organes des sens. Castel, académicien, déclara que, si la plupart des faits étaient réels, *« ils détruiraient la moitié des connaissances physiologiques »*.

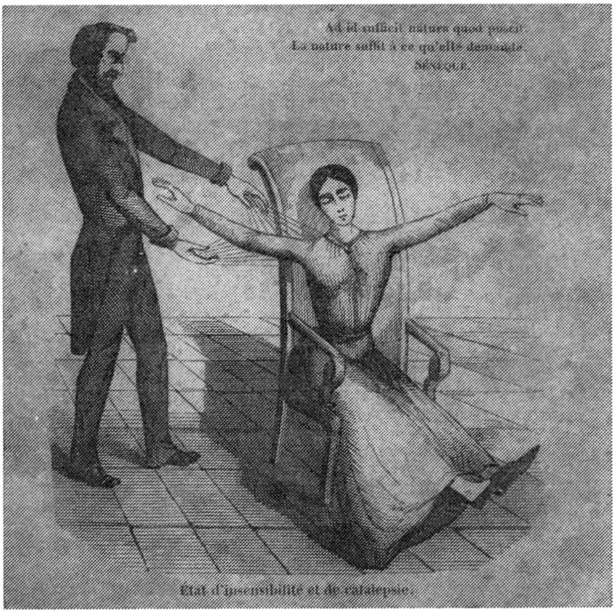

La puissance du fluide animal. Dans des mains expertes, le fluide animal peut être dirigé avec habileté et produire catalepsie et lévitation. Couverture de Ch. Lafontaine, *L'Art de magnétiser ou le magnétisme animal*, Paris, Germer Baillière, 1847.

➤ *Le magnétisme exclu, de nouveau, du champ de la médecine officielle*

Des mystifications et impostures obérèrent la validité du travail de Husson. Une nouvelle commission est nommée en 1837. Celle-ci a pour membre Cloquet qui a pratiqué en 1829 l'amputation sans douleur d'un sein atteint par une tumeur cancéreuse.

Mais cela ne suffit pas à incliner favorablement les membres de la commission. Dubois d'Amiens, rapporteur de la commission, triomphe aisément des prétendues capacités de clairvoyance et autres transpositions des sens et, ne s'étant intéressé qu'à ces aspects, conclut à l'inexistence d'un état particulier de somnambulisme magnétique.

Pour démontrer la justesse de leurs vues, Burdin institue un prix de 3 000 francs destiné à récompenser le premier somnambule capable de lire sans le secours des yeux, de la lumière et du toucher. Cette particularité du magnétisme était devenue emblématique de son existence ou de son action pour bon nombre de ses défenseurs et, bien sûr, de ses détracteurs, amenant les uns et les autres à négliger les aspects thérapeutiques indéniables de cette nouvelle approche.

Cette date marque d'une façon radicale l'attitude officielle des autorités médicales qui prévaudra pendant plusieurs décennies : l'exclusion du champ de la médecine officielle de toute pratique se rattachant au magnétisme animal.

Désormais, le devenir du magnétisme est entre les mains des empiriques et des médecins dont la curiosité clinique et l'ambition les portent plus au soulagement de leurs patients qu'à la gloire et aux honneurs d'une carrière académique.

Le temps de la reconnaissance n'est pas encore venu. Cependant, par touches successives, se forment des courants de pensée qui bientôt cristalliseront un corpus affiné de techniques thérapeutiques nouvelles.

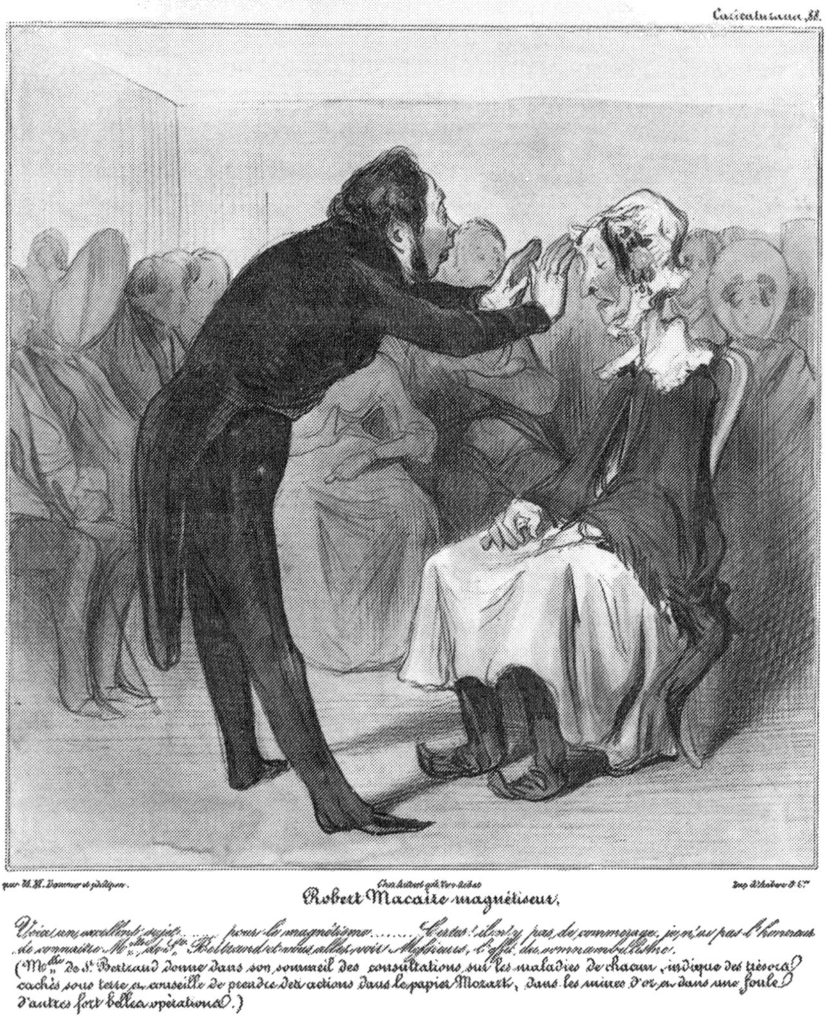

Robert Macaire magnétiseur.
Honoré Daumier, le plus célèbre des caricaturistes dont Balzac disait : « Ce gaillard-là a du Michel-Ange sous la peau ! » a fait paraître cette gravure dans *Le Charivari* du 26 août 1836. Il fustige les prétentions tous azimuts des charlatans qu'ils soient magnétiseurs ou spéculateurs. Collection particulière.

L'hypnose s'expatrie

➤ *Les magnétiseurs internationaux ou les « missionnaires » du magnétisme animal*

Le magnétisme animal connaît alors une éclipse en France, mais la foi magnétique est principalement incarnée par Dupotet et Lafontaine (1803-1892), les deux principaux animateurs de la scène magnétique. Le premier fonde en 1845 le *Journal du Magnétisme* et le second publie en 1847 son ouvrage majeur *L'Art de magnétiser.*

Si en France, à cette époque, il n'y a plus grand-chose à attendre du point de vue officiel, le champ est libre à l'étranger. Nos deux missionnaires, en ardents propagandistes de la cause magnétique, vont éclairer des lumières du magnétisme les contrées vivant dans l'« obscurité académique ».

Le terrain a été préparé par l'établissement de nombreuses « Sociétés de l'Harmonie » en Europe. En Russie, au Danemark, en Suède et en Allemagne, les princes édictent des lois qui reconnaissent l'intérêt du magnétisme et en réservent la pratique aux seuls médecins.

Le magnétisme émigre aux États-Unis, *via* La Nouvelle-Orléans, où Morton Prince s'en servira pour développer le concept de personnalités multiples.

Dupotet déploie une énergie sans bornes pour former des adeptes et convaincre les foules des bienfaits du magnétisme animal. Bien que ne parlant pas l'anglais, il n'hésite pas à se rendre, en 1837, en Angleterre pour présenter cette nouvelle thérapeutique. L'accueil est frileux, mais il réussit à organiser des démonstrations dans les hôpitaux où la présence d'Elliotson (1791-1868), chirurgien novateur des plus titrés (il a introduit le stéthoscope en Grande-Bretagne), en facilite l'organisation. Elliotson, convaincu des bienfaits révélés par Dupotet, se lance dans l'étude du magnétisme, rompt avec l'université qui condamne comme en France cette pratique. Son enthousiasme est tel qu'il fonde en 1843 la revue *The Zoïst* pour diffuser ses résultats et crée en 1846 le premier Mesmeric Hospital à Londres.

➤ *En 1843, James Braid rebaptise le magnétisme : naissance de l'hypnotisme*

Notre autre propagandiste, Lafontaine, arrive en 1841 en Grande-Bretagne, où il enchaîne démonstrations sur démonstrations ; à l'une d'entre elles, à Manchester, assiste un chirurgien écossais, James Braid (1795-1860). La première démonstration ne le satisfait pas, les procédés de Lafontaine correspondent aux techniques de Puységur auxquelles il adjoint avec prédilection la technique de fascination. Braid, après avoir réfléchi au déroulement de cette présentation, assiste à une nouvelle prestation de Lafontaine. Cette seconde soirée le conduit à simplifier et à appréhender l'obtention du fameux sommeil magnétique d'une autre manière.

Pour lui, tout se résume à la fixation oculaire d'un objet brillant disposé à quelques centimètres du visage et au « monoidéisme » (concentration de l'esprit sur une seule idée) focalisé sur le sommeil. Le travail de Braid en lui-même est peu important quant à sa portée intrinsèque ; il s'intéresse à la phrénologie (science des comportements, des humeurs et des facultés intellectuelles, fondée sur l'examen des bosses du crâne) et utilise le sommeil hypnotique pour masser ces bosses en une technique qu'il a baptisée phréno-hypnotisme.

Braid est important pour d'autres raisons ; rejetant l'existence du fluide et la notion de volonté de la part du magnétiseur, il décrit cette technique comme essentiellement physique et cognitivo-comportementale. Pour lui, il s'agit d'une redéfinition du magnétisme animal d'une part et de la découverte d'un autre type de fonctionnement mental d'autre part, c'est pourquoi il le baptise d'un nouveau nom : hypnotisme. En 1843, paraît son livre princeps *Neurypnology or the rationale of nervous sleep, considered in relation with animal magnetism* qui popularisera le terme « hypnotisme » permettant de donner une couleur scientifique à ces phénomènes. Cependant, si cet ouvrage est fondateur d'un nouvel élan ultérieur, il reste méconnu à sa sortie.

L'ère de l'hypnotisme et de l'hypnose commence sans pour autant faire cesser les activités des magnétiseurs.

La découverte de Braid passe inaperçue et se confond avec le reste de ses travaux sur la phrénologie conduisant ses projets thérapeutiques à une impasse.

Les véritables travaux novateurs se font en Inde avec Esdaile et aux États-Unis avec Grimes.

➤ *L'anesthésie magnétique à grande échelle aux Indes*

Cependant les leçons données en Grande-Bretagne portent leurs fruits.

Elliotson fait des émules notamment en la personne de James Esdaile (1808-1859) qui reste le plus célèbre chirurgien magnétiseur de l'histoire. Le 4 avril 1845, il débute sa carrière de chirurgien-magnétiseur à l'hôpital du pénitencier de Calcutta. Son patient devait être opéré d'une double hydrocèle (tumeur du scrotum). Les moyens analgésiques de l'époque étant inexistants, Esdaile a l'audace de tenter le magnétisme. Cela demande du temps, même si les notions de rendement ne sont pas aussi présentes qu'aujourd'hui, il faut s'installer dans une préparation d'au moins trois quarts d'heure avant de pouvoir commencer l'opération proprement dite. Le sommeil magnétique obtenu, l'opération se déroule sans douleur. Fort de ce premier succès, il perfectionne sa méthode tout au long de son expérience en préparant les patients par plusieurs séances dans les jours qui précèdent l'intervention. Il rédige plusieurs rapports concernant son travail qui lui valent d'ouvrir et de diriger l'Hôpital Mesmérique de Calcutta.

Au cours de son séjour en Inde, Esdaile a totalisé 261 opérations majeures sans douleur telles des amputations de cuisses, de bras et de nombreuses tumeurs scrotales pesant jusqu'à 36 kg et, fait extraordinairement remarquable, avec moins de 6 % de mortalité contre 30 % à 50 % sans magnétisme ou hypnotisme !

Mais le temps de la reconnaissance n'était pas encore venu, juste le baroud d'honneur d'un praticien engagé. Cette pratique est trop lointaine et exotique pour concurrencer l'apparition du protoxyde d'azote, de l'éther et du chloroforme, plus maniables et plus pratiques.

➤ *La suggestion mentale passe, aussi, par les États-Unis*

Grimes s'inspirant des travaux de Dods développe la technique appelée « électrobiologie ». Cette technique s'applique sur des sujets éveillés chez qui il utilise la suggestion mentale. Comme de Faria, il agit par le regard et la volonté, ses suggestions produisent ainsi des actes extraordinaires, des hallucinations étonnantes : l'eau se change en vin, les pierres en tisons brûlants, etc. Les élèves de Grimes donnent des séances publiques et forment des disciples au nombre desquels le Dr Durand (de Gros) (1826-1899) qui devait jouer un rôle important, quoique discret, dans l'histoire de l'hypnose. Pour l'heure, le jeune Dr Durand, fils d'un exilé politique à la suite du coup d'État du 2 décembre 1851, apprend ces nouvelles techniques et, sous le pseudonyme de Philipps, commence son inlassable travail de vulgarisateur en Belgique, en France, puis en Algérie, pour se rapprocher du bagne où était reclus son père, et en Suisse. Lors de ces étapes, il forme des élèves.

➤ *L'hypnotisme retraverse la Manche...*

La traversée se fait, tout d'abord, par l'insertion du mot hypnotisme dans le dictionnaire de médecine de Nysten, qui paraît, en 1845, dans sa traduction par Littré et Robin et dans deux autres ouvrages qui retiennent l'attention du Dr Azam (1822-1899) de Bordeaux. Intéressé, il se procure l'ouvrage original de Braid et se met rapidement à expérimenter la méthode. Il ne tarde pas à obtenir des résultats encourageants. L'anathème portant sur le magnétisme animal le rend prudent quant à la divulgation de ses travaux. Les déboires professionnels de Cloquet après la réussite de son opération du sein l'incitent à la discrétion. Azam, devenu professeur de clinique chirurgicale, retrouve Broca (1824-1880), ancien condisciple sur les bancs de la faculté, et lui confie ses observations troublantes au sujet de l'hypnotisme. Broca entrevoit les bénéfices thérapeutiques d'une telle découverte et se résout à expérimenter rapidement cette insensibilité hypnotique et à en publier, en cas de succès, les résultats.

➤ *... et entre dans Paris*

Broca avec l'aide de Follin opère, à l'hôpital Necker, Mme Plantain d'un cancer du sein douloureux sans que la patiente en ait conscience. Velpeau, convaincu, fait dès le lendemain, soit le 5 décembre 1859, une communication à l'Institut qui a un énorme retentissement. Sous le nom d'hypnotisme, les savants acceptent d'examiner ce nouvel état du corps et de l'esprit. Mais rapidement et par surprise ! Celle-ci passée, le vent tourne et le flambeau que Broca a cru allumer s'éteint. L'inexpérience, qui empêche Broca de renouveler ses opérations hypnotiques, et le fait que certains membres de la vénérable institution se rappellent que ce qui leur est présenté ce jour a été déclaré comme nul et non avenu vingt ans plus tôt contribuent à faire retomber l'étouffoir sur cette flambée. Les mêmes pressions « confraternelles » s'exercent sur Broca et celui-ci renonce à un avenir incertain en terre hypnotique pour une carrière plus brillante à la faculté.

À nouveau les instances officielles se retirent du débat.

La controverse des écoles de la Salpêtrière et de Nancy

Dès lors, une période de latence commence au cours de laquelle vont s'élaborer les différentes conceptions de l'hypnose.

➤ *Les futurs chefs de file de l'école de Nancy*

Azam dirige ses travaux vers l'étude de l'hystérie et publie le cas de Félida, resté célèbre pour être le premier cas de double personnalité. Son ouvrage, qui figure en bonne place dans toutes les bibliographies sur les « personnalités multiples », est honoré d'une préface de Charcot.

Durand (de Gros) se consacre, lui, à la vulgarisation du travail de Braid et développe ses propres recherches qui feront de lui un arbitre important de la future controverse opposant l'école de la Salpêtrière à l'école de Nancy.

Pendant ce temps, un obscur médecin de campagne en Lorraine, A.-A. Liébeault (1823-1904) découvre le rapport de Husson et le livre du Dr Teste. C'est une révélation. Liébeault voit là un nouveau moyen de guérison pour ses patients. Pour lui, ardent républicain et libre-penseur, cette nouvelle thérapeutique s'accorde à ses vues politiques. Il se met à l'ouvrage, étudie ces textes et pratique gracieusement auprès des volontaires qui acceptent ce nouveau procédé.

En 1866, il publie son premier livre qui fait état de ses observations cliniques : *Du sommeil et des états analogues, considérés surtout du point de vue de l'action du moral sur le physique,* qui ne sera lu par presque personne (huit personnes dit la légende !). Liébeault est toujours resté fidèle à ses premières observations et la réédition de son livre en 1893 n'a apporté que peu de modifications.

Fort de son expérience, qu'il veut faire connaître à ses collègues de la faculté, Liébeault se rend à Nancy ; il y est traité de charlatan. Furieux de cette fin de non-recevoir, il s'y établit comme « guérisseur ».

Le succès grandit, les guérisons se multiplient et attirent l'attention d'un professeur de la faculté plus curieux que ses confrères, le Dr Bernheim (1837-1919). Celui-ci contrôle par quelques expériences la valeur du traitement de Liébeault ; il paraît même qu'il apprécia sur lui le soulagement d'une sciatique ! Acquis à la technique de Liébeault, il s'initie auprès de lui à ce nouveau traitement et l'introduit à l'hôpital.

Liébeault a toujours gardé, tout au long de sa carrière, un pied dans le monde de l'hypnose et un autre dans celui du magnétisme. Ses travaux, à l'origine de l'hypnose moderne, ont trouvé leur consécration en 1889 au 1er Congrès international de l'hypnotisme. Il collabore malgré tout au *Journal du magnétisme et du psychisme expérimental*, organe de la Société magnétique de France dont il est l'un des membres fondateurs. Cette double appartenance lui a permis de concilier les aspects rationnels et scientifiques des travaux officiels et la dimension plus psychologique, relationnelle et mystérieuse des magnétiseurs, qui comptaient dans leurs rangs bon nombre de médecins et de scientifiques, tel Camille Flammarion qui préfaça les actes du 1er Congrès du magnétisme en 1889.

L'école de Nancy a trouvé en Liébeault et Bernheim ses principaux chefs de file qui défendent l'idée que l'hypnose est une manifestation physiologique, un état exceptionnel, certes, mais normal du corps humain.

➤ *Charcot : la rentrée en grâce de l'hypnose*

Cette conception est à l'opposé de celle présentée par Charcot (1825-1893), à la tête de l'école de la Salpêtrière. Charcot est un immense médecin auréolé d'un prestige considérable, membre de l'Académie de médecine et de l'Académie des sciences, il est le neurologue le plus célèbre du monde grâce à ses découvertes médicales.

Le pouvoir et l'autorité que lui confère sa position sont de puissants leviers pour faire admettre à ses collègues académiciens l'intérêt de l'hypnose lors de sa célèbre communication, *Sur les divers états nerveux déterminés par l'hypnotisation chez les hystériques*, en 1882. Charcot est celui par qui l'hypnose rentre en grâce au sein des instances officielles tant françaises qu'étrangères et son amphithéâtre parisien sera le lieu privilégié de ses représentations hebdomadaires.

1.

2.

3.

4.

L'enseignement facile et rapide de l'hypnotisme par l'image.
En quelques clichés la démonstration est faite que l'hypnotisme est à la portée de tous avec une méthode combinant tous les procédés anciens et modernes publiés dans les deux mondes. Mais plutôt à l'ancienne ! Clichés Filiatre (fin XIXe, début XXe siècle).

1. Établir le « rapport », le patient est immobilisé entre les jambes de l'hypnomagnétiseur, les yeux sont déjà fermés.
2. Attention, l'hypnomagnétiseur commence ses passes.
3. Sur les épaules.
4. Sur la poitrine.

5.

6.

7.

8.

5. Après la périphérie, une attention particulière est donnée à la tête en une sorte de bénédiction, cliché de profil.
6. De face, le patient est visiblement en train d'être hypnotisé avec une technique paternaliste.
7. Une variante impérieuse de la technique précédente.
8. Si le patient résiste, voici une technique très sophistiquée qui associe la catalepsie, la passe céphalique et la fascination en contre-plongée !

Ces clichés tirés d'un ouvrage de Filiatre, dont le titre est la légende de cette série de photos, ont contribué comme d'autres du même genre à développer une vision réductrice et simpliste de l'hypnose.

➤ *La guerre est déclarée*

Cette période voit un développement considérable des travaux cliniques et de recherche en hypnose. L'enseignement de l'hypnose devient officiel et des cours s'ouvrent dans tous les hôpitaux de Paris et dans de nombreuses facultés de province ainsi qu'à l'étranger. *La Revue de l'Hypnotisme* fait paraître son premier numéro en 1887 et sa dynamique parution mensuelle rend compte de ce qui sera dénommé « la guerre des écoles de la Salpêtrière et de Nancy ». Chaque numéro amène les partisans de l'une ou l'autre de ces écoles à se répondre, souvent vivement, et alimente la polémique. Polémique qui se résume principalement à définir l'hypnose soit comme une manifestation pathologique hystérique, selon Charcot, soit comme un état physiologique, selon Liébeault et Bernheim. L'enjeu est de taille car, en corollaire, l'hypnose doit être considérée comme une maladie ou comme un traitement.

Charcot, comme beaucoup de ses confrères, a découvert l'hypnose par des hypnotiseurs de foire, en particulier le « professeur Donato ». Étonné par ses prouesses, il s'intéresse à ce nouveau domaine, pressent qu'il tient là l'explication de l'hystérie. Mais, si Charcot a largement démontré ses qualités de clinicien dans le domaine de la neurologie, il se montre piètre observateur dans le domaine de la psychologie. À sa décharge, il ne sait pas que cela en est, convaincu de la nature organique des manifestations hypnotiques. Bizarrement, Charcot ne se montre pas, dans ce champ d'investigation non plus, à la hauteur de sa réputation de praticien ; en effet, il n'a jamais hypnotisé une seule de ses patientes, ses assistants s'en chargeant. Assistants prestigieux, Gilles de la Tourette et Babinski ne dédaignent pas d'assister le soir aux spectacles des hypnotiseurs de foire et apprennent auprès d'eux les techniques qu'ils ne leur accordent pas le droit d'exercer.

Paradoxalement, Charcot souhaite mettre au jour la réalité hystérique de l'hypnose, mais lui-même « hypnotisé » par ses patientes et ses assistants, se fourvoie dans une impasse qui contribuera, en partie, au nouveau déclin de l'hypnose après cet âge d'or. Charcot, imbu de lui-même, n'a de cesse de démontrer ses théories en utilisant les moyens directs, telle sa fameuse « leçon du mardi » (immortalisée dans le célèbre tableau de Brouillet), et les moyens indirects de la photographie en publiant une abondante iconographie sur les prétendues propriétés de l'hypnose chez les hystériques. Ces patientes hystériques et théâtrales dans leurs comportements ne peuvent qu'intéresser Charcot ; leur double jeu réciproque de séduction contribue à satisfaire l'avidité de leurs ego respectifs. Les patientes, réduites à de simples protubérances physiques de la pensée du maître, reproduisent uniquement ses attentes.

Cet orgueil et cet aveuglement conduisent Charcot dans la voie du spectaculaire, de l'imitation et de la simulation, en un mot de la confusion. Les tout premiers magnétiseurs avaient pris soin de mettre en garde les néophytes contre l'attrait du spectaculaire et prôné de n'utiliser ces procédés que pour le bien du patient. Charcot a ignoré ces deux recommandations de base, son travail n'a produit qu'une hypnose de culture, fausse et arrogante. Il la voulait scientifique, elle fut scientiste et plus obscurantiste que les plus naïfs des magnétiseurs la concevaient. Malheureusement, c'est cette pratique médicale ancienne qui parasite encore de nos jours la représentation de notre discipline.

➤ *Le triomphe de l'école de Nancy*

L'école de Nancy est représentée par Liébeault, Bernheim, Beaunis et Liègeois. Liébeault occupe la place du père fondateur auprès de qui des médecins du monde entier viennent apprendre l'hypnose. Bernheim, lui, est le chef qui bataille contre les troupes parisiennes. Son action se veut critique et scientifique en contestant la primauté de l'hystérie comme explication de ces phénomènes hypnotiques. Du point de vue pratique, il identifie la notion de suggestion et en revendique l'usage en thérapie. Il développera cette approche pour la privilégier exclusivement dans la pratique de la suggestion à l'état de veille ouvrant la voie à la psychothérapie dynamique. Le 1er Congrès international de l'hypnotisme, en 1889, établit la validité des thèses de l'école de Nancy, qui seront les fondements de l'hypnose moderne : l'hypnose est un état normal, physiologique, utile au soulagement des patients.

➤ *Le déclin de l'hypnose*

Paradoxalement, cette victoire qui établit de façon définitive les bases du travail hypnotique sera aussi à l'origine du déclin de l'hypnose, en particulier en France. La France est, à l'époque, le pays le plus en pointe dans ce domaine, le débat alimenté par les travaux des deux écoles se trouve maintenant tari et l'apaisement de la querelle voit les héros fatigués. Les tenants de l'école de la Salpêtrière, dont le chef de file s'est vu désavoué, sont quelque peu désemparés et ne peuvent opérer un changement radical de conception. Il leur est plus facile de s'occuper d'autre chose ! Charcot quitte la scène publique peu de temps après ce congrès, un œdème du poumon l'emporte le 16 août 1893.

Du côté de Nancy, des divergences apparaissent entre Liébeault et Bernheim. La suggestion obtient droit de cité à part entière et de nombreux articles paraissent en réponse à l'impulsion donnée par Bernheim qui n'hésite pas à déclarer au Congrès de psychologie expérimentale de Londres, en 1892, qu'« *il n'y a pas d'hypnotisme, il n'y a que de la suggestion* ».

Cette opinion perçue comme un déni de l'état hypnotique isole Bernheim. La plupart des partisans de l'école de Nancy se rallient à Liébeault. L'école de Nancy n'aura pas localement d'élèves pour prendre la relève. Elle a cependant influencé la psychothérapie qui est en train de naître et dont Bernheim est l'un des pionniers, mais celle-ci est encore confondue avec l'hypnose.

Le rayonnement de l'école lorraine s'exerce principalement à l'étranger où de nombreux instituts Liébeault et Bernheim s'établissent. Un autre futur grand nom de la psychothérapie, Freud, étudie tout d'abord, en 1885, chez Charcot puis, comme tant d'autres médecins étrangers, fait le voyage de Nancy. De ce voyage naît une amitié qui pousse Freud à traduire en allemand le livre de Bernheim *De la suggestion et de ses applications à la thérapeutique*.

Freud commence par pratiquer l'hypnose, mais, comme Bernheim, il n'en est pas un talentueux praticien. Il pratique l'hypnose et l'abandonne. Freud, confronté à la réalité hypnotique et à cause ou grâce à ses « insuffisances techniques », délaisse son usage bien qu'il écrive dans l'*Introduction à la psychanalyse* : « *Dans notre technique, nous avons seulement abandonné l'hypnose pour redécouvrir la suggestion sous la forme du transfert.* » Freud développera ses découvertes concernant l'inconscient qui ouvriront d'autres voies thérapeutiques, mais ceci est une autre histoire, celle de la psychanalyse.

L'éclipse

Les ténors de l'hypnose se sont donné rendez-vous à Paris en 1900 pour le 2e Congrès international de l'hypnotisme expérimental et thérapeutique. Celui-ci confirme les conclusions du premier et tente de réconcilier les apports des écoles de Paris et de Nancy en insistant sur le rôle important joué par la psychologie dans la dynamique hypnotique. Cependant, c'est le creux de la vague : les tenants de l'état hypnotique somatique sont déconsidérés, certains dérivent vers des pratiques archaïques du magnétisme et Bernheim peine à développer ses thèses psychologistes. La lutte entre Paris et Nancy lui a valu trop d'ennemis personnels aux rancunes tenaces et la brouille avec Liébeault persiste dans un climat d'antisémitisme, affaire Dreyfus aidant.

Charcot est mort, Liébeault à la retraite, *La Revue de l'Hypnotisme* périclite, Bernheim est seul. Janet, observateur patient et serein, continue lui aussi en solitaire à œuvrer dans l'étude de l'hypnose, il écrit en 1923 : « *Dans ces conditions, la décadence de l'hypnotisme n'a pas grande signification, elle est déterminée par des causes accidentelles, des regrets et des déceptions après des enthousiasmes irréfléchis ; elle n'est qu'un accident momentané dans l'histoire du somnambulisme provoqué et dans l'histoire de la psychothérapie.* » Ses travaux, méconnus en France, seront influents à l'étranger et notamment aux États-Unis. Il faudra attendre 1965 pour que le 3e Congrès international d'hypnose se tienne également à Paris.

Si l'hypnose disparaît en France, elle continue son développement relatif à l'étranger.

En URSS, Pavlov (1849-1936) s'intéresse aux techniques de suggestion, d'apprentissage et aux réflexes en correspondance avec les localisations cérébrales qui les génèrent. Ses travaux ont contribué à l'étude neurophysiologique de l'hypnose.

En Allemagne, J. H. Schultz (1884-1970) conçoit une technique de « déconnexion cérébrale » associant une série d'exercices à pratiquer par soi-même qui s'apparente à une hypnose légère qu'il nommera « training autogène ».

Une mention spéciale sera faite à Émile Coué (1857-1926), génial pharmacien, tout d'abord initié à l'hypnose en 1885 par Liébeault, qui devint le propagandiste d'une méthode d'autosuggestion consciente devenue célèbre dans laquelle la volonté doit prendre le pas sur l'imagination. Ce processus se résume à répéter sans même avoir besoin d'y croire la phrase suivante : « *Tous les jours, à tous points de vue, je vais de mieux en mieux.* » Le travail de Coué, davantage apprécié à l'étranger qu'en France, trouve écho auprès de Baudouin et est l'inspirateur de Desoille qui conçoit le « rêve éveillé dirigé ».

Aux États-Unis, l'année 1933 restera celle où Hull a publié son traité *Hypnotisme et suggestion : essai expérimental*, premier ouvrage véritablement scientifique sur l'hypnose. Ce livre a relancé la recherche dans un domaine qui avait été abandonné au profit d'autres méthodes comme la psychanalyse.

Au moment où les applaudissements de clôture du 2e Congrès international d'hypnotisme expérimental et thérapeutique s'éteignent, naît celui qui va être le rénovateur de l'hypnose.

Milton H. Erickson, père de l'hypnose moderne

Milton H. Erickson est la personnalité contemporaine la plus importante du monde de l'hypnose médicale. Sa carrière a duré cinquante années au cours desquelles il a publié un grand nombre d'articles et participé à la rédaction d'ouvrages faisant autorité en la matière. Fait intéressant, il n'a jamais écrit un livre qui se pose comme une « bible » de l'hypnose.

Erickson était à la fois psychiatre, docteur en psychologie et membre de nombreuses sociétés médicales aux États-Unis, en Europe, en Asie et en Amérique latine. Il est aussi le fondateur de la Société américaine d'hypnose clinique et de sa revue.

➤ *Une vie hors du commun*

Pour comprendre la « philosophie » d'Erickson, attardons-nous quelques instants sur sa vie.

Erickson est né en 1900 dans une famille nombreuse de paysans du Nevada, aux États-Unis. À 17 ans, atteint par une très grave attaque de poliomyélite, il doit rester alité, sans conscience de son corps. Il n'est plus capable de préciser la position de ses bras ou de ses jambes. Son médecin déclare qu'il ne remarchera plus : Erickson ne pouvait plus compter que sur lui-même.

Cet épisode de sa vie le conduit à développer un sens de l'observation exceptionnellement attentif aux mouvements corporels. Allongé sur son lit, il regarde ses plus jeunes frères et sœurs apprendre à marcher par eux-mêmes.

Sans même savoir lire et donc sans pouvoir consulter un ouvrage du style *Comment apprendre à marcher en trois semaines* ou *La Marche, c'est possible ! Aie confiance en toi*, ils découvrent comment tenir sur leurs deux jambes, comment mettre un pied devant l'autre, et bientôt, courir et sauter.

Des heures durant, il les observa et se concentra sur les mouvements de ses jambes et de ses bras. Des heures durant, il se remémora ses jeux d'enfant à la campagne, comment il savait grimper aux arbres, ou sauter de branche en branche. Il passa au crible de sa mémoire tous les aspects sensoriels de ces expériences : le contact de l'écorce dans les paumes de ses mains, la sensation d'équilibre instable que donne une branche étroite sous la semelle, etc. Au bout d'un an, il marchait sur des béquilles et réussit à obtenir un emploi assis dans une usine, afin de financer ses études.

Erickson sut s'adapter et tirer parti de ses épreuves. En plus de ses difficultés à se déplacer, il ne percevait que la couleur pourpre et distinguait mal les tonalités, ce qui ne l'empêchait pas de reconnaître un bon pianiste par l'observation du toucher de ses doigts sur le clavier. Ce sens de l'observation hors du commun le conduisit à donner plus d'importance à la manière de parler qu'au contenu pour en apprécier le sens.

Erickson décrit la thérapie comme une manière d'aider les patients à dépasser leurs limites, tout comme lui-même a su le faire. Étudiant en fin de première année à l'Université du Wisconsin, Erickson décida de s'embarquer pour un voyage en canoë, pendant les vacances d'été, en suivant les conseils de son médecin qui lui avait recommandé de ménager ses jambes. Il n'avait pas au départ la force de tirer son bateau hors de l'eau, ni de nager plus que quelques mètres. Pour tout viatique, il n'emporta avec lui qu'un sac de haricots, un sac de riz, quelques ustensiles de cuisine et 2 dollars 32 cents ! De juin à septembre, il parcourut 1 200 miles de l'Illinois au Mississippi en pêchant, en cueillant des plantes comestibles sur les berges ou ramassant les épluchures jetées par-dessus bord par les bateaux qui croisaient sur le Mississippi.

N'étant pas homme à demander directement de l'aide, il s'arrangeait pour que « spontanément » quelqu'un l'aide. Quand il avait faim et que des bateaux de pêcheurs étaient en vue, il pagayait à portée de voix, si bien que les pêcheurs intrigués engageaient la conversation et lui posaient des questions. Il répondait qu'il était étudiant en médecine et naviguait pour sa santé. Quand on l'interrogeait sur les résultats de sa pêche, il répondait que le jour n'était pas encore fini ; invariablement ils lui donnaient quelques poissons à la fin de la conversation !

Son intérêt pour l'hypnose commença lorsqu'il était étudiant en psychologie dans le Wisconsin auprès de Clark Hull. Mais, en 1953, son bras droit et son côté droit subirent une nouvelle attaque de polio l'obligeant à s'établir à Phoenix en Arizona. Erickson s'installa dans une petite maison de trois pièces qui lui servait également de cabinet de consultation. Son salon était aussi sa salle d'attente : les patients participaient, en quelque sorte, à sa vie de famille, plutôt active puisqu'il n'avait pas moins de huit enfants, trois enfants d'un précédent mariage, cinq autres avec Elizabeth, sa seconde épouse, qui fut aussi sa collaboratrice. Son cabinet proprement dit était une petite pièce sobrement meublée d'un bureau, de quelques chaises et d'une bibliothèque. Ce modeste bureau était conforme à sa manière de travailler.

Outre sa pratique libérale, Erickson éditait la revue *The American Journal of Clinical Hypnosis*. Sa femme Elizabeth, psychologue de profession, fut une proche collaboratrice et cosigna de nombreux articles avec son mari.

La maladie l'avait contraint à la chaise roulante et avait réduit sa double activité de praticien et d'enseignant. Tout au long de sa vie, Erickson dut lutter contre la douleur, ce qui ne l'empêcha pas d'exercer une grande influence sur l'évolution de la psychothérapie. Dans les années 1950, il participa aux travaux de l'école de Palo Alto, dirigée par Gregory Bateson (1904-1980) et composée de John Weakland, Jay Haley, Richard Fish et Don Jackson. Cette équipe, influencée par Erickson, est à l'origine de la psychothérapie familiale systémique et publiera en 1956 sa théorie de la « double contrainte » comme porte d'entrée dans la schizophrénie. Erickson cessera de consulter en 1974, mais poursuivit son activité d'enseignant et sa collaboration avec de nombreux chercheurs dont certains furent ses élèves. Fidèles à l'inventivité et à la curiosité intellectuelle d'Erickson, Rossi, Zeig, Yapko, Lankton, pour n'en citer que quelques-uns, ont développé leurs propres voies. Erickson contribua et continue d'inspirer, directement et indirectement, le renouveau de l'hypnose et de la psychothérapie.

Erickson mourut à 78 ans : il vécut plus longtemps qu'il ne l'imaginait et resta actif une semaine encore avant sa mort, en harmonie avec l'idée selon laquelle il existe des ressources en soi pour changer et franchir des épreuves.

Enfin la renaissance !

L'hypnose retrouve droit de cité en 1965 à Paris, avec le 3e Congrès international d'hypnose, après soixante-cinq ans d'absence de la scène scientifique ! Ce congrès, ouvert par le Dr Chertok, à qui nous devons d'avoir maintenu l'hypnose française à un niveau d'exigence intellectuelle remarquable, a démontré la maturité de cette discipline en lui donnant la place qu'elle revendiquait depuis longtemps : celle d'une thérapeutique raisonnée. Depuis ce congrès de 1965, se tiennent régulièrement des congrès internationaux dont l'importance des participants ne cesse de croître ; aux 150 participants de 1965 sont venus succéder les 1 800 congressistes du dernier congrès de 2000 à Munich.

La pratique contemporaine, inspirée du travail d'Erickson, cristallise la synthèse des meilleures contributions de nos prédécesseurs. À la lumière des récentes découvertes, tant en médecine qu'en psychologie, nous pouvons apprécier leurs apports ; les erreurs de nos devanciers proviennent principalement (de l'interprétation) de leur audace pionnière. Leur héritage est riche d'enseignements, mais le coffre dans lequel il est enfermé a été, souvent, cadenassé par la bêtise humaine ! Heureusement, la curiosité des auteurs actuels est gage de nouveaux progrès. L'hypnose fait partie de l'enseignement de la médecine dans de nombreux pays comme la Grande-Bretagne, la Russie, Israël et les États-Unis où elle participe aux programmes de recertification médicale.

L'évolution de l'hypnose

Auteur	Théorie	Indications	Place du patient	Place du praticien	Mode d'action	Dates
Mesmer	physique	Panacée absolue	passive	dominante	Intervention du fluide par une crise	XVIIIe siècle
Puységur	physique psychologique	Diagnostique Pronostique Thérapeutique adjuvante	coopérative et active	facilitatrice	Intervention du fluide sans crise Activation de capacités du patient Somnambulisme artificiel	XVIIIe siècle
De Faria	psychologique	Thérapeutique relative	coopérative	facilitatrice	Pas de fluide Concentration et activation de dispositions du patient Suggestion directe Somnambulisme artificiel	XIXe siècle
Braid	physique et mentale	Thérapeutique générale	coopérative	dominante	Pas de fluide Suggestion directe État hypnotique	XIXe siècle
Charcot	physique	Hystérie Recherche	pathologique	dominante	Pas d'action en général Uniquement dans l'hystérie	XIXe siècle
Liébeault	physique psychologique	Médecine	coopérative et passive	facilitatrice	État hypnotique Attention Suggestion	XIXe siècle
Bernheim	psychologique	Psychothérapie	coopérative et passive	facilitatrice	Suggestion Psychothérapie	XIXe siècle
Coué	psychologique	Panacée « tempérée »	active	absence	Pas d'état hypnotique Autosuggestion	XXe siècle
Erickson	physique psychologique	Médecine Douleur Psychothérapie Recherche	active	facilitatrice	État hypnotique Suggestions directes et indirectes verbales et non verbales Autohypnose Psychothérapie	XXe siècle

CHAPITRE 2

Qu'est-ce que l'hypnose ?

L'hypnose contemporaine

Erickson enseignait que, pour être un bon thérapeute, il fallait observer, observer, observer encore et, lorsque l'on avait observé encore, observer encore.

Un enseignement à rapprocher d'un conte zen :

« — Maître, que faut-il faire pour apprendre l'art de l'épée ?

— Il faut de l'attention.

— Uniquement cela ?

— Non, il faut de l'attention et de l'attention.

— Que cela ?

— Non, il faut de l'attention, de l'attention et de l'attention.

Une attention constante[1]. »

L'approche ericksonienne de l'hypnose est descriptive et considère les symptômes comme un parasitage du mode de fonctionnement conscient. Erickson estime que l'apparition de troubles psychologiques peut être liée à l'intervention de

---

1. A. Jodorowski, *Le Doigt et la lune*, Paris, Albin Michel, 1997.

« limitations acquises » au cours du développement psychomoteur, éducatif et social, limitations qui agissent comme suggestions posthypnotiques. Sur ces contraintes, l'influence de la volonté est limitée, voire inexistante. Mais l'hypnose, par sa dynamique, va permettre au sujet de retrouver sa capacité à répondre, de manière nouvelle et adaptée, aux situations qu'il rencontre. En effet, pour le patient, il ne s'agit pas d'obéir à des suggestions extérieures, mais de réutiliser ses compétences et ses capacités d'adaptation personnelles, dont il a perdu l'usage.

L'hypnose, par la capacité qu'elle procure à « s'abstraire » de l'environnement immédiat, permet à l'inconscient du patient d'effectuer des remaniements utiles au changement. La psychothérapie hypnotique ericksonienne est une approche pragmatique dans laquelle le thérapeute utilise le contexte de vie du patient pour établir une communication thérapeutique. La mise en évidence des ressources du patient est le plus souvent le fruit de techniques indirectes qui suscitent une moindre résistance et une plus grande coopération implicite, consciente ou inconsciente.

Erickson développa des méthodes indirectes, tant en hypnose formelle qu'en psychothérapie, sans chercher à obtenir un état hypnotique dûment identifié. En réalité, Erickson a utilisé l'hypnose formelle dans seulement un cinquième des cas qu'il a eu à traiter[1]. Le reste du temps, il combinait les techniques hypnotiques à la psychothérapie. Erickson est aussi un pionnier persévérant dans un autre domaine : celui de l'emploi de l'humour en thérapie, et en hypnose particulièrement.

---

1. Beahrs, 1971.

➤ *La notion d'inconscient chez Erickson*

Pour comprendre les modalités d'application de l'hypnose en clinique, Erickson postule qu'il existe en nous des possibilités non utilisées, des possibilités « inconscientes » qui pourront être activées.

En quelques mots, les concepts d'Erickson concernant la pratique clinique de l'hypnose s'attachent tout d'abord à la notion d'inconscient. Pour Erickson, elle est très simple : « Tout ce qui n'est pas conscient est inconscient », et cet inconscient est assimilé à un réservoir actif de ressources. Il développe une vision positive de l'inconscient, doué d'un mode de fonctionnement analogique.

Erickson fait confiance aux processus équilibrants de l'inconscient et attribue en grande partie la responsabilité de la pathologie aux apprentissages négatifs et aux limitations acquises. Il prône une attitude thérapeutique pragmatique orientée sur le changement thérapeutique : un petit changement entraînant un autre changement, à l'instar d'une boule de neige qui grandit au fur et à mesure de sa progression.

L'hypnose est une manière d'accéder à une recherche individuelle de solutions par un dialogue actif du sujet avec lui-même. Cette restructuration s'établit par une mise entre parenthèses du fonctionnement conscient.

➤ *Éloge de l'analogie et de la métaphore*

Le caractère essentiel de l'approche ericksonnienne est sa dimension *indirecte* et *permissive*, qui s'exprime par le mode analogique et métaphorique de la communication.

Qu'est-ce qu'une analogie ? Une analogie est un rapport de ressemblance ou de similitude entre deux éléments, deux mots, deux personnes ou situations : on dira d'un homme qu'il est malin comme un singe, vif comme l'éclair. Une analogie — comme une comparaison ou une image — établit un lien entre deux sens.

Qu'est-ce qu'une métaphore ? La métaphore est un procédé littéraire qui transpose la signification spécifique d'un mot ou d'une situation à une autre signification qui s'en rapproche. Cette transposition se fait au moyen de l'analogie, de la comparaison ou de l'attribution. La métaphore introduit, dans un mot ou une expression, un deuxième sens, non plus littéral, mais symbolique. Elle tend à l'identification. Parler de sa « flamme » pour désigner son amour, c'est faire une métaphore. Dire, comme Blaise Cendrars, que « Je ne trempe pas ma plume dans un encrier, mais dans la vie », c'est aussi faire œuvre de métaphore.

Cette fois-ci, il y a deux sens, mais le second sens est caché sous le premier. Comme le dit Bernard Dupriez[1], « le passage d'un sens à l'autre a lieu par une opération personnelle, fondée sur une impression ou une interprétation, et celle-ci demande à être trouvée sinon revécue par le lecteur ». Voici d'autres exemples de métaphores puisés dans les programmes de télévision et dans la vie courante : les feux de l'amour, le maillon faible, la moutarde qui monte au nez, l'estomac dans les talons, autant d'expressions imagées qui rapprochent deux situations pour donner du sens.

Les formes analogiques s'assemblent en des anecdotes, des histoires, ou des contes. Jean de La Fontaine, dans ses fables, décrit la vie de la Cour et des hommes de son époque en faisant jouer à des animaux les scènes de la vie quotidienne. Grâce à cette « astuce », il capte l'attention de ses auditeurs qu'ils soient aristocrates, courtisans ou gens du

1. *Gradus, dictionnaire des procédés littéraires*, Paris, 10/18, 1984.

peuple et les place dans une situation propice à une réflexion sur eux-mêmes. Les contes de Perrault, d'Andersen ou d'autres traditions sont aussi des sources de messages et d'enseignements qui peuvent être réutilisés au cours de séances d'hypnose. Cette manière de procéder n'est pas nouvelle en soi. Des formes narratives comme l'épopée, les mythes et les légendes, avec leurs figures allégoriques, qui sont des développements continus de métaphores, existaient dans l'Antiquité et dans toutes les cultures.

Dans le cas de l'hypnose, ce qui rend cette technique narrative originale, c'est son utilisation thérapeutique. Au cours de cet état particulier qui augmente la réceptivité du sujet, la métaphore sous-tend une écoute attentive du thérapeute qui puisera dans le répertoire à sa disposition ou inventera une métaphore personnalisée. La métaphore est une technique privilégiée en ce qu'elle permet de respecter les valeurs du patient et implique une adaptation personnelle. Cette recherche inconsciente de sens constitue la phase active et individuelle du travail du patient.

Un exemple d'utilisation thérapeutique de la métaphore pour soigner des problèmes sexuels consistera à évoquer un repas au restaurant. Le cadre et l'ambiance de la salle, la table et sa présentation, le choix des plats aux noms parfois énigmatiques stimulent l'imagination. L'attente, le temps qui s'écoule et fait grandir l'appétit par quelques mises en bouche savoureuses préparent peu à peu la venue de plats plus consistants. Plats qui seront dégustés simultanément sans pour autant être semblables. Et la fin du repas, en pente douce, clôturera en beauté, finesse et saveurs, avec ses traditionnelles propositions salées et/ou sucrées, ce moment d'échanges et de plaisir. Une intimité, voire une infinité, de sensations variées qui replacera la sexualité au centre d'une sensorialité plus générale et plus vaste. Ceci n'est que l'amorce d'un exemple, ce type de métaphore se développe plus largement et plus longuement. Votre imagination peut poursuivre son propre chemin. Faites votre menu...

Au travers d'une communication indirecte, le patient a l'opportunité de critiquer ce qui lui est proposé, c'est-à-dire de « métaboliser » la suggestion, à la différence d'une suggestion directe qui le place brutalement dans une alternative de refus ou d'acceptation.

Le thérapeute pédagogue

Grâce à cette souplesse de forme, la place du thérapeute s'apparente davantage à celle d'un « pédagogue » ; il apprend au sujet à utiliser les outils (inconscients) que celui-ci possède déjà pour changer. L'hypnose ericksonienne est un mode de communication privilégié où, certes, le sujet répond au thérapeute, mais, bien plus encore, à lui-même. Les réponses proviennent du patient, le praticien n'ayant qu'un rôle facilitant.

Cette position « enseignante » se prolonge par l'apprentissage de l'autohypnose par le patient.

Pour parvenir à ce résultat, l'hypnose ericksonienne se singularise par un certain nombre de principes ayant une fonction pragmatique et clinique [1].

➤ *Une communication personnalisée et souple*

L'approche ericksonnienne est personnalisée, souple et orientée sur l'avenir. Elle se caractérise de la façon suivante :

1. J. K. Zeig, *La Technique d'Erickson*, Paris, Homme et Groupes, 1988.

• Utiliser le langage du patient.
• Identifier, accepter et utiliser les ressources et les valeurs du patient.
• Utiliser et mobiliser, de façon active et progressive, les ressources à partir de ses valeurs et de ses motivations vers la résolution du problème.
• Les résistances sont reconnues comme d'éventuelles ressources.
• Utiliser le comportement du patient.
• Intervenir à un moment choisi.
• Suivre le cheminement de cette mobilisation chez le patient, dans une attitude d'attente mutuelle.

En fonction de ces principes, le patient est lui aussi encouragé à décrire ses troubles de façon analogique. Une telle approche implique de la part du thérapeute une *flexibilité* lui permettant d'accepter toutes les approximations, qualifications et autres comparaisons absurdes, fantaisistes, « exotiques » comme une somme d'informations précieuses pour obtenir un changement, une amélioration. Tel patient décrira une douleur de sciatique comme une « rage de dents ». Tel autre évoquera une lampe contenant deux liquides qui, sous l'effet de la chaleur, se mélangent et se séparent en permanence. Tel autre essuiera des « mains qui pleurent » pour parler d'une sudation importante.

Donner à ces difficultés un nom qui n'est plus médical ouvre des possibilités de changement qui n'étaient pas entrevues précédemment. Le langage médical est rarement familier au patient, il y est perdu. L'analogie lui donne accès à un registre de références personnelles (loisirs, travail, sports, valeurs personnelles...) dans ou avec lesquelles il est, sûrement, plus à l'aise.

Une perspective du changement peut apparaître. Proposer des repères, des jalons, définit un cadre nouveau dans lequel le patient évoluera avec des critères d'appréciation supplémentaires. L'utilisation d'un langage commun analogique fournira les conditions du changement. Cette étape est extrêmement importante car elle établit un contexte positif dans la relation thérapeutique.

➤ *L'autonomie du patient*

Jay Haley, auteur du livre *Milton Erickson : un thérapeute hors du commun*, a particulièrement travaillé la dimension stratégique en thérapie et la définit, simplement mais radicalement, comme une thérapie dans laquelle le thérapeute s'implique et engage une approche spécifique.

Erickson recommandait d'inventer une thérapie pour chaque patient. Cet engagement se traduit par une amorce de processus thérapeutiques en vue de provoquer un changement chez le patient. Un certain nombre de paramètres seront définis préalablement dans la logique du « comment faire pour aller mieux ? » : le ou les problèmes à résoudre, différentes interventions possibles, être à l'écoute, adapter la tactique et vérifier les résultats. Il est évident que le thérapeute ne fait pas de la figuration et prend la responsabilité d'influencer : il est présent. Cette présence se retrouve, il est vrai, dans d'autres approches psychothérapeutiques qui balancent entre une passivité active et une activité très méthodique. L'originalité de l'approche hypnotique est dans la dimension paradoxale d'une suggestion concrète dont la réalisation conduise, par son exécution, à l'autonomie du patient, quand bien même il s'opposerait à la suggestion.

Cette complexité hypnotique lui donne son efficacité. Elle tresse un entrelacs de réponses aux suggestions qui créent des liens nouveaux de réajustement entre les différents éléments du problème. L'hypnose est un dialogue spécial entre deux personnes : littéralisme et communication non verbale contribuent à son originalité.

Le rituel hypnotique est une apparence trompeuse qui n'a pas de valeur en soi : il est un support, au mieux un véhicule, non une destination. La seule chose importante est de voir apparaître un changement chez le patient. La suggestion n'a d'intérêt que comme base d'expérience pour le patient : il peut l'accepter ou la refuser. Dans tous les cas, il a donné son avis et commence à exercer son autonomie. La suggestion du jour d'un restaurant n'implique pas l'obéissance du client, cette suggestion indique, seulement, l'intérêt que le chef porte au plat proposé.

Notre propre avis est présenté sous différentes formes suggestives afin que le patient ait lui-même une opinion. La forme de nos propositions est parfois déroutante et crée souvent une certaine confusion dans l'esprit du patient. Cette confusion est un moyen de réorganisation par lequel il apprécie ses difficultés sous un angle différent. Ce moyen n'est pas l'apanage des thérapeutes contemporains, Bossuet y avait déjà recours : « Peut-être vous ne trouverez que ce qui semble confusion est un art caché ; et si vous savez rencontrer le point par où il faut regarder les choses, toutes les inégalités se rectifieront, et vous ne verrez que sagesse là où vous n'imaginiez que désordre. »

Erickson ne croyait pas que ses patients seraient définitivement guéris, mais il les aidait à traverser des épisodes de leur vie. Les patients pouvaient acquérir des connaissances sur eux-mêmes, les rendant aptes à se passer d'une intervention extérieure. Cependant ils pouvaient avoir recours de nouveau à une autre série de consultations si survenaient d'autres difficultés.

Comment se déroule une séance d'hypnose ?

Question intrigante. Pour répondre à cette attente, nous proposerons dans les lignes qui suivent une démonstration *a minima*. Une trame sur laquelle l'esprit du patient pourra broder ses propres images et sensations. Le langage descriptif en sera volontairement « précisément vague. » Mais, tout d'abord, il est nécessaire que les protagonistes de ce dialogue fassent connaissance.

➤ *L'entretien préalable*

C'est une étape indispensable. Aucun traitement par l'hypnose ne peut se passer de cet entretien qui peut demander plusieurs consultations. Il sera fonction des difficultés du patient et de la capacité du thérapeute à les évaluer. Lors de l'entretien, le patient a le temps d'exposer ses idées sur l'hypnose et ainsi d'éviter un quiproquo fâcheux entre ses attentes et les réponses envisageables avec l'hypnose. Rectifier les idées fausses sur l'hypnose est souvent un moyen pour le patient de reconsidérer sa demande.

Outre ce temps indispensable pour faire connaissance, le thérapeute, par un interrogatoire minutieux, appréciera la nature du problème posé ainsi que le contexte dans lequel il s'insère. La symptomatologie sera détaillée, mais aussi le cadre de vie, le travail, la famille, les loisirs, etc. Ce temps d'écoute et de compréhension est déterminant pour la suite de la thérapie.

➤ *La séance commence*

Un exemple de déroulement de séance est présenté un peu plus loin. Voici quelques explications pour en saisir sa dynamique.

De manière générale, le patient est invité à s'installer dans un fauteuil confortable et réglable. Cette mise en place est nécessaire pour distinguer plus finement les aspects physiques de l'environnement immédiat de ceux plus intérieurs du patient. Le patient est pour l'instant ici et maintenant : l'induction hypnotique tendra à le « transporter » ailleurs, dans un autre temps. Les suggestions d'induction ont pour but de faciliter la concentration du patient sur lui-même en retrouvant par exemple une situation agréable.

Ces suggestions sont dites d'« induction », parce qu'elles servent à « démarrer » la séance. En pratique, elles consistent à décrire, de façon vérifiable et indubitable, la situation dans laquelle se trouve le sujet, ici et maintenant. Il est indispensable de connaître son point de départ pour voyager, déterminer l'itinéraire et arriver à destination.

Les suggestions se font ensuite « indirectes » pour décrire une autre situation analogue, dans des termes qui exploreront différents axes sensoriels pour aller à la rencontre des affinités du patient.

Le patient a la possibilité de communiquer à tout moment ses impressions au thérapeute, soit par la parole, soit le plus souvent par un signe d'un doigt. Ce signe deviendra au fur et à mesure de la séance un mouvement automatique de réponse hypnotique. Ces informations aideront le thérapeute dans la conduite de la séance. Ce « code » non verbal, dans des formes plus expressives, est représenté par ce qui est convenu de nommer, dans notre jargon, la catalepsie et la lévitation. La catalepsie et la lévitation du bras sont des formes de tonicité musculaire au cours desquelles l'attention que l'on porte à son corps est comme « détachée » de celui-ci. Ce phénomène est banal : par exemple dans un magasin, pris dans une pensée intérieure, nous continuons à tendre la main au commerçant, sans pour autant éprouver de fatigue, pour recevoir la monnaie qu'il a déjà posée sur le comptoir !

➤ *La profondeur de la séance*

L'approfondissement de la séance sera proportionnel à la précision des suggestions. Plus celles-ci seront personnalisées, plus la séance sera rapidement intense. La répétition des séances favorise cette connaissance individuelle. De ce point de vue, plus la séance est individualisée, plus elle sera efficace. Nous retrouvons là le principe d'Erickson qui encourage à parler le langage du patient et à tenir compte de ses valeurs.

Il est intéressant de noter que la profondeur de la séance vue sous l'angle de la « perte de la conscience » de la réalité environnante n'a pas d'intérêt thérapeutique. Elle peut varier chez le même patient au cours de la même séance et d'une séance à l'autre. D'autre part, il est possible de parler de profondeur selon la topographie. L'exemple le plus démonstratif sera celui d'une opération au cours de laquelle le patient parlera avec le chirurgien des derniers résultats de la Coupe de France de football sans éprouver de douleur.

Le choix entre des suggestions directes et indirectes est guidé par le contexte.

• Les suggestions directes sont plus simples à réaliser et en général porteront sur des phases d'installation et de transition structurelles de la séance : la ratification des manifestations hypnotiques sert à rendre le patient témoin des phénomènes objectivables qui se déroulent et encouragent leur poursuite. Ces suggestions directes portent par exemple sur la respiration : « Et je ne sais pas si vous avez remarqué comme votre respiration est déjà plus calme, lente et régulière, augmentant ainsi votre confort et votre détente… » ou bien « vos jambes sont si confortables, si lourdes et denses qu'il leur est impossible de bouger ».

• Les suggestions indirectes s'appliqueront davantage aux finalités thérapeutiques et aux alternatives métaphoriques. Un exemple simple est l'utilisation des verbes du premier groupe qui induisent une ambiguïté sur leur orthographe quand on les prononce avec des pauses rythmiques : « Je me demande quand vous avez… *changé* (changez !) de point de vue… » Le participe passé peut se transformer en impératif selon l'accent tonique, le passé se confondre en futur, une chose en une autre, l'ambiguïté du sens fait le caractère indirect de la suggestion. La compréhension des suggestions indirectes ou métaphoriques appartient au patient.

➤ *La fin de la séance*

Celle-ci est amorcée en précisant à nouveau qu'il s'agit d'une sorte d'apprentissage au cours duquel le corps et l'esprit redécouvrent des ressources inusitées dont ils peuvent profiter et qui continueront de se développer au-delà de ce moment et de ce lieu. Après ce rappel, l'attention du patient est attirée sur les repères physiques du moment et du lieu, tels qu'ils avaient été donnés au début de la séance afin de revenir, ici et maintenant, dans le cabinet de consultation.

➤ *Après la séance*

Dès que le patient s'est réorienté dans la pièce de consultation, une discussion critique sur le déroulement de la séance s'avère fructueuse. Un certain nombre de nos suggestions n'étaient peut-être pas pertinentes, d'autres, au contraire, appropriées. La pensée, la mémoire, l'imagination, l'inconscient auront été stimulés et les informations recueillies seront utiles à la fois pour la conduite technique de la séance suivante, et, bien évidemment, pour son orientation thérapeutique. C'est ainsi que, progressivement, la thérapie hypnotique s'approfondit. L'autonomie du patient croît avec cet approfondissement.

Les séances devenant plus personnalisées, le patient utilise ces éléments constitutifs pour s'en servir d'induction à l'autohypnose. Tel patient qui a retrouvé avec intensité le goût d'une tarte à la mirabelle pourra s'en « servir » pour entrer dans son univers personnel. Le même phénomène se produira avec le parfum d'une fleur, la lumière d'une image, le son d'une voix ou d'une musique ou encore avec une sensation corporelle au cours d'une activité physique. Autant de clés pour ouvrir les portes de leur espace intérieur.

L'entretien après la séance n'est pas un interrogatoire policier ; le patient a la liberté de garder pour lui-même ses impressions qui sont de l'ordre de l'intime. La pudeur en hypnose est une réalité et, aussi paradoxal que cela puisse paraître, l'hypnose est une approche thérapeutique discrète. Nous sommes loin de la vision de l'hypnose qui fait parler !

La séance d'hypnose est importante en tant que telle dans sa réalité immédiate, mais les changements apparaîtront principalement dans l'intervalle des séances.

Un exemple de séance

La première séance est donc une séance d'observation qui permet d'apprécier comment le patient réagit à différents types de suggestions. Souvent la relaxation, bienvenue pour la plupart de nos consultants, sera incluse dans cette séance inaugurale. Elle en constitue une étape pour accéder à un état de conscience différent. Voici une trame de séance de base où le patient apprécie d'aller au bord de la mer, renseignement recueilli lors de l'interrogatoire préalable. Ce souvenir est une ressource que nous allons réactiver par différentes évocations.

La lecture en demande quelques minutes ; en réalité, la séance dure en moyenne une demi-heure, avec ses développements (les phrases sont prononcées lentement avec des pauses). Cette trame est destinée à explorer les capacités de réponse du patient sur différents registres sensoriels. Dans cette description, il n'existe aucune suggestion directement thérapeutique, il s'agit d'une introduction. La thérapie hypnotique se construit sur plusieurs séances qui se complètent au fur et à mesure.

« Veuillez vous asseoir dans ce fauteuil et vous y installer confortablement. La tête posée sur le dossier, le dos également bien calé contre le dossier, les bras sur les accoudoirs et les jambes détendues. Tandis que votre corps prend place dans ce fauteuil, votre esprit peut commencer à feuilleter l'album de photos de votre mémoire et regarder défiler les pages et les images. Les pages tournent, peut-être au hasard ou bien de façon plus méthodique. Le rythme change parfois quand le regard se pose sur l'une ou l'autre de ces photos. Et votre esprit prend tout son temps pour apprécier ce qui se présente à lui et, lorsqu'il aura trouvé une image, une

destination agréable au bord de la mer, alors il pourra me le communiquer par un petit mouvement volontaire ou involontaire d'un doigt ou l'autre de l'une des deux mains. À son rythme. Remarquez comme il est possible de voir des images intérieures aussi bien les yeux ouverts que fermés. Notez la différence de qualité, la richesse des détails qui s'affinent derrière les paupières. Très bien. Un mouvement de l'index droit indique que votre esprit a trouvé un endroit au bord de l'eau pour y faire un petit séjour, maintenant.

Souvent, quand on aime aller à la plage, il existe un endroit privilégié et habituel pour s'installer et poser ses affaires. Et, ne serait-ce que pour quelques instants, s'allonger, légitimement, sur le drap de bain en goûtant aux petits mouvements du corps qui s'appuie, confortablement, sur le sable blanc ou fauve. Un moment tranquille, où la peau protégée par un produit solaire au parfum si particulier, un parfum de vacances, donne enfin l'occasion de sentir une détente apparaître. Et s'apercevoir qu'une douce chaleur diffuse à travers le drap de bain tandis que des rayons de soleil amicaux enveloppent votre corps et augmentent cette sensation de calme. Parfois il existe de petits mouvements machinaux, automatiques, d'une main, la droite ou la gauche, qui joue avec le sable, s'amuse à le saisir et le laisser couler doucement entre les doigts. Une sensation très fine et fugace, une impression de poudre légère et solide. Peut-être la sensation vague d'être dune parmi les dunes ? Je ne sais pas si votre esprit a remarqué comme le rythme de votre respiration est, déjà, plus lent, calme et régulier, calé, peut-être, sur le rythme des vagues. Un air marin, élastique et léger où le grésillement de cigales s'envole en d'improbables spirales. Des vagues dont le flux et le reflux s'étirent en une nappe liquide qui festonne sur le sable de la grève. Après avoir goûté à ces quelques instants allongé sur le sable, main-

tenant allez voir si l'eau est à la température idéale pour une baignade. Les pieds nus dans le sable chaud avancent vers le bord, où le sable est plus ferme, souple et humide. Ces milliers de grains de sable sous la plante des pieds nus marquent l'empreinte de vos pas et rencontrent les premières vagues de fraîcheur étonnée, peut-être ? Et, en quelques pas, les chevilles apprécient le plaisir retrouvé de cette eau qui enroule l'écume du ressac. C'est une sensation simple et agréable. Je ne sais pas de quelle couleur est le sable de cette plage, peut-être des reflets satinés dans la lumière de la vague qui reflue ? L'eau translucide est, peut-être, si attirante que la baignade est maintenant une évidence et je me demande comment votre corps apprécie d'entrer dans l'eau... progressivement, par étapes ou bien plus directement en plongeant dans les éclaboussures de la première vague. Et retrouvez en remontant à la surface, la sensation si particulière de flotter. Flottez entre l'eau limpide et le ciel, peut-être avec une légèreté insoupçonnée et retrouvée. La tête tournée vers le large, les pieds vers la plage à flotter en sentant une vague amicale s'enrouler en une écharpe fluide et légère autour des épaules, soulever et se glisser sous le dos, descendre et s'étirer le long des jambes détendues en regardant la frise azurée des crêtes lointaines. Trois paysages, la mer, le sable, le ciel et vous en équilibre. Une sensation si agréable d'ondulation où le temps n'a plus la même importance, une seconde peut durer une minute, une minute une heure, une heure une journée et une journée une semaine et plus encore détendu. Vague parmi les vagues dans l'accueil du vent au creux de l'écume pétillante. Un rythme nouveau, régulier, qui cadence cet espace devenu plus grand, plus vaste en grands aplats de couleur, le dôme bleu du ciel, l'azur de l'eau, le vert des pins, la couleur dorée du sable. D'autres sensations toutes simples comme une gouttelette qui chemine sur le visage et laisse son grain de sel accroché aux lèvres, une mèche de cheveux mouillés sur le visage qu'une main, machinale, ramène en arrière. L'eau est si bonne, si bonne qu'il est peut-être difficile de savoir si c'est l'eau qui coule sur la peau ou bien la peau qui se glisse dans l'eau. Je ne sais pas quelle sensation est la plus agréable. La légèreté du corps, le rythme régulier des vagues, un parfum de vacances, l'odeur de résine de pin ou d'une feuille d'eucalyptus froissée entre les doigts, le scintillement améthyste de l'eau, le souvenir d'une saveur, une algue rousse accrochée à un galet ou un coquillage ramassé au bord de la plage, un grain de sable accroché au creux de la nuque, une glace si rafraîchissante ou bien encore autre chose que votre esprit et votre corps prennent le temps d'apprécier. Ce moment est le leur, ils découvrent un espace intérieur personnel qui leur appartient. C'est aussi une sorte d'apprentissage un peu étonnant où l'on ne sait pas trop ce que l'on apprend, peut-être à apprendre ; c'est-à-dire souvent au début à ne pas comprendre. Il en est souvent comme cela, apprendre à changer commence par une phase d'incompréhension, un état favorable pour développer la souplesse de l'esprit et retrouver la capacité de découvrir de nouvelles solutions dans le calme retrouvé. Ce qui est apparent disparaît et devient actif, un grain de sel donne du relief quand il se dissout et exalte ses propriétés salines. On ne sait pas où il se trouve et pourtant sa présence invisible est évidente. Des agencements nouveaux, inédits apparaissent, un nouveau regard pour de nouvelles perspectives. Goûtez à cette plage de sable, cette plage de temps, un temps hors du temps, ce jardin discret et même secret dont la clé est la sensation la plus agréable retrouvée au bord de l'eau. Appréciez et approfondissez cette sensation.

Et, avant de revenir dans ce bureau, placez cette clé dans un endroit accessible à tout moment, à votre envie et à votre fantaisie. Appréciez cette cachette. Et en conservant, au-delà de ce moment et de ce lieu, ces agréables sensations de calme et de quiétude qui continueront de se développer. Revenir, ici et maintenant, dans ce bureau, dans ce fauteuil en retrouvant les sensations de votre corps sur le fauteuil. Pour vous aider à revenir, je vais compter de 5 à 1. 5 une sensation d'énergie qui revient dans les pieds et les mains, 4 dans les jambes et les bras, 3 dans une plus grande inspiration, 2 dans le visage et 1 dans tout le corps qui peut s'étirer à sa guise. »

Les différents axes sensoriels explorés seront autant de perspectives d'action et de métaphores. Ces axes sont des voies qu'emprunte tout d'abord le patient ; ce n'est qu'à ce moment-là que le thérapeute l'accompagne sur ces chemins.

Un état physiologique et privilégié de conscience

➤ *Qu'est-ce que l'hypnose ?*

L'hypnose est un assemblage dynamique, elle existe par le mouvement et en réponse à ce mouvement. Les définitions qui suivent en sont l'illustration : loin de s'opposer, elles se complètent, paradoxalement distinctes et associées.

> L'hypnose n'est probablement pas une science, peut-être un art, certainement une pratique. Elle ne prend sa véritable identité que dans sa mise en œuvre thérapeutique, dans la rencontre.

L'humanité est une histoire d'aléas et de rencontres. Il y a bien longtemps, très longtemps, peut-être par hasard, au fond d'une caverne, les hommes découvrirent comment produire le feu : ils tapèrent l'un contre l'autre des silex et l'étincelle jaillit, on connaît la suite de l'histoire…

Rappelons que l'hypnose est, depuis 1889, reconnue comme un phénomène physiologique. C'est pourquoi Erickson parle de la « transe quotidienne commune », en évoquant un état naturel, physiologique et spontané.

Cet état, nous pouvons l'expérimenter, *a minima* tous les jours, tout simplement lorsque nous sommes « dans la lune », « dans les nuages », ou bien encore dans cet état intermédiaire, lors de certains réveils matinaux, où l'on hésite entre le rêve et l'éveil.

La différence entre l'hypnose et cet état plus ordinaire est l'intention. En effet, pour obtenir un état hypnotique, nous allons nous servir de ces manifestations, les amplifier dans un but thérapeutique et éventuellement apprendre au patient à reproduire pour lui-même ce même phénomène, sous le nom d'« autohypnose ».

➤ *Les manifestations physiologiques de l'hypnose*

L'état hypnotique est constitué par l'association de différents signes.

Les signes objectifs observables de l'extérieur

- Ralentissement du rythme respiratoire.
- Ralentissement de la fréquence cardiaque.
- Modifications du tonus musculaire :

  - Hypotonie, relaxation musculaire.
  - Hypertonie, catalepsie ou rigidité d'un segment de membre.
  - Mouvements automatiques.

• Littéralité dans la compréhension des paroles du thérapeute. Le patient prend celles-ci « au pied de la lettre ».
• Mouvements de déglutition.

Les signes subjectifs ressentis par le patient et uniquement connus de lui :
• Relaxation générale.
• Lourdeur et/ou légèreté des membres.
• Fourmillements, chaleur, fraîcheur.
• Perceptions olfactives, auditives, visuelles, cinesthésiques, gustatives : dans la littérature professionnelle ces modifications prennent le nom mal choisi d'« hallucination positive » quand une perception apparaît ou d'« hallucination négative » quand un élément de l'environnement n'est plus reconnu comme présent par le patient. (Ces manifestations seront utiles dans le traitement de la douleur.)
• Détachement, éloignement vis-à-vis du contexte.

➤ *Les manifestations psychologiques de l'hypnose*

• Activité idéo-motrice (capacité à répondre automatiquement par un petit mouvement d'un doigt à une suggestion, propriété utilisée pour communiquer au cours de la séance avec la technique dite du « *signaling* »).
• Détachement ou abstraction par rapport à l'environnement immédiat.
• Modifications subjectives de l'écoulement du temps. (Elles seront recherchées pour aider un patient à lutter contre la douleur ou bien à orienter son attention vers un futur meilleur.)
• Amnésie (perception assez fréquente, intéressante pour les suggestions posthypnotiques).

• Régression en âge et hypermnésie (la capacité à retrouver un souvenir riche en éléments sera employée pour chercher une ressource positive de référence).

Ces signes sont les plus fréquemment observés. Leur présence est d'une grande variabilité d'une séance à l'autre, chez un même patient, et ils ne pourront pas servir à prédire l'efficacité de la séance.

Le processus hypnotique

➤ *Les cinq temps de l'hypnose*

Ce processus peut se définir en cinq temps successifs :

• Fixation de l'attention : désintérêt pour l'environnement immédiat et fixation de l'attention sur les paroles et sur ce qu'elles évoquent. Ceci conduit à :

• La mise entre parenthèses de la conscience habituelle.

• La recherche inconsciente automatique des différents sens des suggestions qui entraîneront…

• des processus inconscients d'association, d'apprentissage, fonction principale de l'hypnose thérapeutique dont on attend…

• des réponses hypnotiques au cours de la séance ou ultérieurement, des signes d'acquisition de nouvelles connaissances et de changement.

La fixation de l'attention

La fixation de l'attention est un temps indispensable : sans lui rien n'est possible. Le premier qui ait observé cet aspect est de Faria, réfutant le fluide magnétique. Il demandait à ses sujets de fixer, de se concentrer sur sa main située à la hauteur de leur visage. Braid reprit à son compte ce procédé.

De nos jours pour parvenir à la fixation de l'attention, le thérapeute a à sa disposition plusieurs moyens dont les principaux sont :

– la fixation oculaire d'un point ;
– le récit d'une histoire qui captive ;
– la relaxation.

La mise entre parenthèses de la conscience

Elle signifie que l'on passe à un mode de pensée différent. Ce passage s'opérera en utilisant notamment la confusion, la surprise et la dissociation.

La recherche inconsciente

Elle découle de l'étape précédente. La dissociation, comme nous l'avons définie dans ce cadre, ouvre un espace intérieur méconnu. Les suggestions ouvertes, les analogies, le rythme vocal et les métaphores contribuent à cette recherche qui engendre des *processus inconscients* propices à de nouvelles associations, inconscientes, de sensations et/ou d'émotions.

Les réponses hypnotiques

Ce sont les conséquences immédiates correspondant aux signes objectifs ou subjectifs vus précédemment. Les réponses peuvent être, également, différées et correspondront à des changements dont le patient nous fera part lors des futures consultations.

➤ *L'hypnose comme une dissociation dynamique*

L'état et le processus hypnotiques se caractérisent par une dissociation. Dans notre jargon, ce mot signifie une simple *division*, ayant une fonction de *mise en évidence.*

- Nous passerons progressivement d'une personne à son corps et à son esprit, en un premier temps de dissociation.
- Le second temps dissociera encore des parties du corps et des parties de l'esprit : « Votre respiration plus régulière… votre main droite plus légère… votre esprit inconscient, votre mémoire défile… » Chaque élément est séparé des autres et mis en évidence avec ses propres attributions.

Au cours de cette dissociation, le patient pourra percevoir des situations avec moins d'émotions ou des sensations physiques dépourvues d'affects : il est dans le détachement, la distance. Le « mouvement » dont il est question ici correspond à une notion de changement involontaire ou automatique et s'assimile à la restauration de processus jusque-là bloqués. Nous verrons plus loin que ce « mouvement » agit de telle sorte que le patient se réapproprie la symptomatologie.

La dissociation peut être définie comme un élargissement, un gain d'espace et non pas comme une rupture. Cette expansion donne de la liberté, augmente le champ d'appréciation et d'évolution et correspond à une réassociation. Cette réassociation peut prendre une forme étonnante ; la dissociation d'un anneau de Möbius en sera une excellente illustration. Il est assez amusant de noter que l'anneau de Möbius se retrouve à la fois dans les recherches en topologie (applications pratiques pour la construction des échangeurs routiers) et dans les spectacles dits de magie où il prend le nom de « rubans afghans » ! Un rapprochement étonnant.

Voici la méthode : découpez une bande de papier de 3 cm de large sur 40 cm de long. Collez les deux extrémités l'une à l'autre avec du ruban adhésif en faisant pivoter sur elle-même l'une d'entre elles, vous avez obtenu un anneau de Möbius. Maintenant, faites une fente dans le sens de la longueur au milieu de la bande, puis découpez (en passant par le milieu de la largeur) complètement dans le sens de la longueur cet anneau.

Question : Qu'allez-vous obtenir avec cette découpe ?

Réponse : Un anneau plus grand !

Redécoupez cet anneau selon le même procédé que précédemment.

Question : Qu'allez-vous obtenir avec cette découpe ?

Réponse : Deux anneaux reliés !

La dissociation hypnotique possède cette fonction paradoxale et s'apparente à cette double opération : diviser pour relier. Indépendants et ensemble.

L'écoute hypnotique

L'écoute hypnotique est une écoute particulière qui aide l'hypnothérapeute à recueillir les informations cliniques et personnelles du patient. Cette écoute spécifique lui permet d'apprécier les éléments qui lui parviennent avec un mode analogique et relatif de pensée qui souvent déconcerte le patient.

Le thérapeute doit être lui-même dans un état en quelque sorte analogue à l'hypnose. Après avoir envisagé un autre traitement et/ou éliminé des contre-indications éventuelles à l'hypnose, le thérapeute, qui décide d'utiliser cette technique, développe cette attitude particulière répondant aux critères suivants :

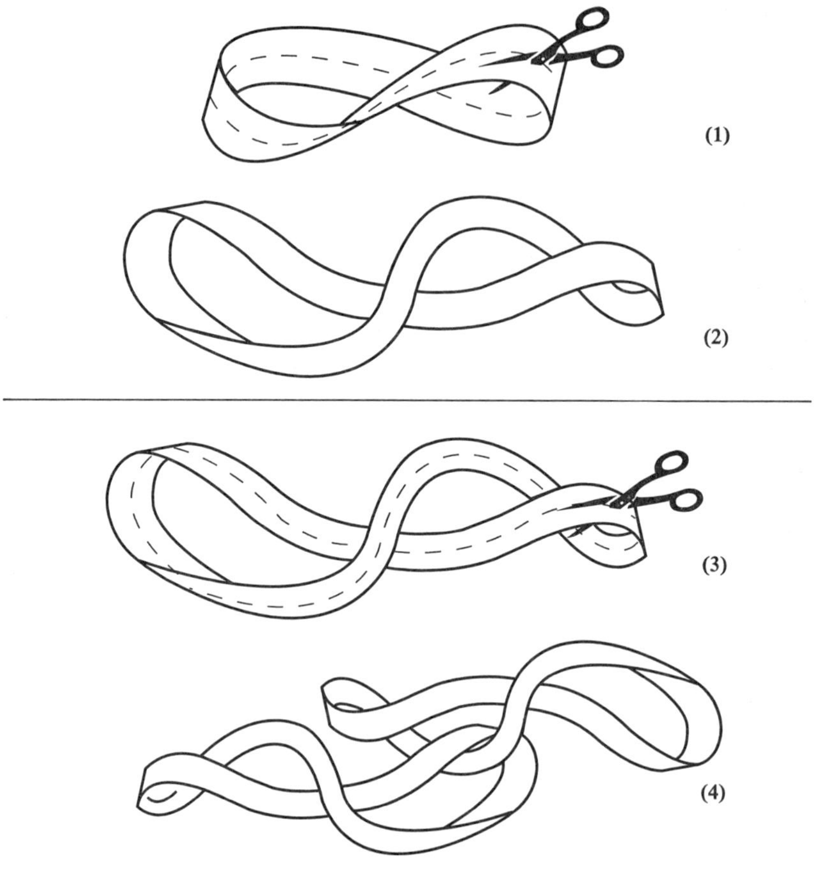

L'anneau de Möbius ou les rubans afghans

- Abstraction de l'environnement nosologique classique.
- Être curieux.
- N'avoir aucun *a priori* sur les questions à poser (les questions peuvent paraître incongrues) ni sur les réponses en retour.
- N'établir aucune hiérarchie dans le questionnement.
- Ne suivre aucun ordre établi à l'avance.
- Considérer toutes les réponses avec la même attention.

- Ne pas savoir, être ouvert.
- Découvrir.
- Et assembler, ciseler les métaphores...

➤ *L'hypnose est une rencontre*

Cette rencontre concerne au premier chef le patient, bien sûr, mais aussi le thérapeute et nous verrons qu'il est impliqué intensément dans cette relation. En particulier, il devra organiser l'hypnose et le traitement de manière spécifique dans une coopération mutuelle. Un pseudo-rituel hypnotique ne peut tenir lieu de traitement.

Les techniques développées par Erickson favorisent la communication et le dialogue, tout d'abord dans le cadre de la relation médecin-malade et, secondairement, le dialogue du patient avec lui-même. Il n'est pas possible d'hypnotiser de façon formelle une personne sans son consentement : un minimum de collaboration est requis.

➤ *L'hypnose est une approche sensible*

Cet *aspect sensible,* avant d'être opératoire, caractérise la situation du thérapeute qui découvre son patient, c'est-à-dire le reçoit, l'accueille, l'écoute et perçoit ce qui vient à lui par l'examen et l'anamnèse. Ce temps-là est un temps de *réception* et non d'action, un temps privilégié pour *associer, assembler* les éléments hétérogènes de la symptomatologie ou du rébus.

Existe-t-il une méthode pour cela ? Une méthode unique non, mais voici une approche, un point de vue pour appréhender le panorama clinique, pour rapprocher la symptomatologie des différents éléments constitutifs de l'hypnose. Lors de l'anamnèse dans ce contexte hypnotique, le premier temps sera l'*écoute analogique* évoquée précédemment.

Interrogations utiles pour amorcer le traitement

- Par rapport à l'état hypnotique
  - En quoi la plainte du patient ressemble-t-elle à la nature de l'hypnose ?
  - Quelle séance d'autohypnose négative le patient est-il en train de vivre ?
- Par rapport au processus hypnotique
  - Comment aider le patient à s'approprier le symptôme ?
  - Quelle suite cette histoire pathologique peut-elle avoir ?

La réappropriation de la symptomatologie par le patient

Cette réappropriation donne un sens différent au symptôme et contribue à la propre action du patient sur lui-même. Nous parlerons alors de changement. À titre de comparaison approximative, si nous considérons le symptôme comme une chemise prêtée dont le patient serait le porteur, alors il n'aurait comme possibilités que de continuer à la garder ou de la rendre à son propriétaire. En revanche, s'il en est le propriétaire, il lui est loisible de la détruire, la modifier, la donner, la vendre, la louer, la prêter, etc., en résumé d'agir et de changer. Il ne s'agit pas de faire disparaître le symptôme, mais de faire en sorte qu'il soit transformé par le patient lui-même. Le symptôme n'est pas un but mais un moyen.

➤ *Une communication sur plusieurs niveaux simultanément*

L'hypnose agit sur plusieurs dimensions en même temps, grâce à la dissociation dont nous avons parlé précédemment. La dissociation relativise et met en évidence des entités qui sont souvent mélangées voire confondues : mouvement volontaire et mouvement involontaire, émotion et raison, le corps dans ses aspects moteur et sensitif. Cette mise en évidence ouvre de nouvelles perspectives. Les notions plastiques et malléables de temps et d'espace, dans lesquelles évoluent les patients et leurs pathologies, sont les axes de la mémoire et de l'action thérapeutique. Il est important de signaler que la mémoire est incarnée et que cette inscription concrète détermine un champ considérable d'applications de l'hypnose (voir les indications dans le traitement de la douleur, des hémiplégies et des traumatisés crâniens, des névroses traumatiques).

➤ *La transmission d'un savoir-faire*

Ce savoir-faire est le moteur qui aidera au changement.

La technique hypnotique n'est pas ésotérique, elle s'enseigne, s'apprend et se transmet. Il appartient, également, au thérapeute d'enseigner au patient à se servir de ses propres compétences par l'apprentissage personnalisé de l'autohypnose. Nous y reviendrons plus loin.

L'hypnose thérapeutique

➤ *Un outil d'observation et d'appréciation de la pathologie*

Il s'agit de comparer la symptomatologie du patient aux éléments constitutifs de l'hypnose. L'hypnose devient un outil d'observation de la pathologie, notion probablement novatrice pour le grand public puisque l'hypnose est souvent superficiellement associée à l'idée d'action. Quelle intervention peut être entreprise, et cela plus encore dans le domaine de la santé, sans des précautions préalables ? Cette attitude peut se traduire par la question suivante : *en quoi la symptomatologie de ce patient correspond-elle à un état hypnotique ou à un processus hypnotique ?*

De manière analogue à ce qui se passera pour le patient, le thérapeute met son esprit en fonctionnement hypnotique, prenant les paroles « au pied de la lettre », en appréciant tous les sens, les possibles et pourquoi pas, les paradoxes. *Ce travail d'anamnèse, d'écoute hypnotique, est un temps d'intense activité pour le thérapeute.*

L'hypnose sans le spectacle

Cette écoute est parfois assez longue, mais ce n'est pas un temps d'attente : c'est un temps préparatoire, discret et déjà opératoire, bien que le patient ne le sache pas.

Ce temps intermédiaire est parfois si dense qu'il en est thérapeutique, n'impliquant pas obligatoirement le passage à l'hypnose formelle. Rappelons que :

- *L'hypnose formelle* est celle qui tend à obtenir un état hypnotique tel qu'il a été défini plus haut.
- *L'hypnose informelle* ou conversationnelle est une forme d'hypnose dans laquelle l'aspect étatique est au second plan par rapport à la notion de dynamique hypnotique.

Erickson a été le grand promoteur de cette forme d'hypnose informelle qui requiert de la part du thérapeute une excellente connaissance pratique de l'hypnose formelle. Cet aspect méconnu de l'hypnose contemporaine surprend les patients dans l'attente d'une induction spectaculaire et de l'apparition d'un état extraordinaire. Il arrive fréquemment qu'ils demandent quand commencera l'hypnose alors que l'amélioration est déjà bien avancée. Toujours la même focalisation sur un aspect qui souvent détourne l'attention d'un autre.

Tant du point de vue des croyances que de ses signes cliniques, en quoi cette situation s'apparente-t-elle à un état hypnotique, à une « séance inachevée » ?

L'abandon du diagnostic classique est nécessaire pour regarder d'un œil neuf, et pourquoi pas, de débutant, le patient, cette personne présente là devant nous. Ce n'est certes pas une attitude facile, mais elle peut générer un changement tel que le patient se sente considéré dans la nature sensible de sa plainte.

Nul besoin d'être démonstratif à la manière de ces émissions de télévision qui insistent pour présenter l'hypnose comme essentiellement une technique opératoire. Elles laissent de côté l'aspect discret du travail thérapeutique qui se met en place d'abord en la personne de l'hypnothérapeute, dimension moins télégénique et facteur négatif pour l'audimat.

« Nouvelle hypnose » ou hypnose allégée ?

Certains raccourcis, résumés sous le terme de « nouvelle hypnose », tendent à faire croire que, de nos jours, c'est le patient qui fait tout. Grossière erreur ! L'appellation de « nouvelle hypnose » se définit dans et par l'éphémère de son qualificatif. Marketing et nouveauté sont souvent frère et sœur. Sous prétexte de se démarquer de pratiques autoritaires, les tenants de cette définition accréditent l'idée que nos prédécesseurs étaient des furieux. Leur ignorance de l'histoire et leur volonté promotionnelle les conduisent à surfer sur la répulsion de ce modèle pour prétendre à « hypnothéraper » plus transparent et plus doux. Hypnose allégée pour thérapeutes fainéants.

L'hypnose est un travail pour le patient et le thérapeute et n'est jamais une solution de facilité. La présence du thérapeute est déterminante pour la conduite du traitement et elle est particulièrement importante dans ce contexte.

L'expérience montre qu'en état d'hypnose le patient prend ce qui est dit au pied de la lettre. Par exemple, à la question : « Vous avez l'heure ? », la réponse est : « Oui » ou, comme dans le fameux sketch de voyance de Pierre Dac et Francis Blanche : « Vous pouvez dire quel est l'âge de madame ? » « Oui ! » « Vous pouvez le dire ? » « Oui ! » « Il peut le dire ! » Ainsi les analogies et les métaphores sont-elles acceptées en fonction de la sensibilité personnelle du patient. La fluidité de ce langage est telle qu'elle peut aller dans bien des directions et même faire des ricochets ou des étincelles.

À ce propos, il me vient un souvenir, un très ancien souvenir. Il y a longtemps, bien longtemps, les grands-parents des grands-parents de nos grands-parents et les ancêtres de ceux-là vivaient dangereusement et s'abritaient dans des refuges précaires, des grottes sombres et humides. Un jour, un jour ordinaire qui pourtant bouleversa l'humanité. Ce jour-là, nous ne le savons pas bien encore actuellement, l'un d'entre eux eut l'idée de taper deux silex l'un contre l'autre et de recommencer et de recommencer encore et encore. S'ennuyait-il ? Était-il en colère ? Avait-il décidé quelque chose ? Du choc de ces deux pierres, l'étincelle jaillit. La suite est connue !

Souvent, les éléments sont devant nous présents, il suffit de les rapprocher, de prendre le temps d'observer pour que le changement se manifeste. Cependant, nous aurons, aussi, besoin de nous référer à l'expérience du patient. Que ses acquis conscients et inconscients soient émotionnels, physiques ou psychologiques. Un mot peut résumer cet ensemble de connaissances et de capacités : la mémoire.

Un frère peut en cacher un autre. Mais où ?

Napoléon conquérant a toujours fait de la place pour sa famille dans sa « pensée ».

Mais ces endroits sont cachés. Images d'Épinal, collection particulière.

➤ *L'hypnose n'est pas un but*

L'objectif n'est pas l'hypnose, mais le changement, une distinction qui fait toute la différence dans la relation médecin-malade. Définir les objectifs de la thérapie est un temps incontournable de la consultation ; ils seront d'autant mieux définis que le « diagnostic hypnotique » sera précis.

La demande ludique ou simplement curieuse d'un sujet de vivre une « vraie » séance d'hypnose sera à considérer avec prudence et circonspection.

➤ *Le patient comme un rébus*

Comment établir un diagnostic hypnotique ? Nous pourrions formuler cette question, subjective s'il en est, de la façon suivante : « Le patient est-il un rébus ? » L'idée est la suivante : considérer le patient, son langage verbal, son langage non verbal et sa symptomatologie, comme les éléments d'un vaste rébus qui agrège des éléments apparemment disparates. Un rébus est une association de dessins, de lettres, de chiffres qui lorsqu'ils sont *dits* prennent un sens. C'est un langage populaire, un langage de gens simples. Trouver un nouvel ordre, recadrer, *attribuera* un autre sens plus compréhensible à la symptomatologie d'où le changement pourrait bien apparaître.

Essayez ce rébus en silence puis à haute voix. Ou bien allez en annexe pour voir la solution de cette image parlante. Image d'Épinal, collection particulière.

Il y a méprise ou faux-semblant à croire qu'une réponse exprimée en un langage savant soit une réponse intelligible. Trop de thérapeutes s'attendent à ce que le patient, d'évidence, parle et comprenne le jargon médical. Erickson en mettant en exergue ce premier principe « *parler le langage du patient* » modernise non seulement le langage de l'hypnose, mais aussi tout le langage thérapeutique.

Langage analogique, langage thérapeutique

Le langage analogique est un des premiers langages utilisés par l'homme et en particulier le petit de l'homme : l'enfant. Très petit, il désignera ce qui l'environne, par exemple les animaux, par un élément spécifique de cet animal : le son. Ainsi, un chien sera un « Ouah ! Ouah ! ». Le son révèle une réalité. Les sons vont trouver d'autres correspondances avec le nom. L'enfant va mêler des gestes, des sons, des noms et fabriquer ce que l'on nomme des « mots d'enfant ». Plus tard, les mêmes choses se nomment *lapsus linguae,* dits « révélateurs » !

Ce langage enfantin, peu à peu, il va le délaisser au profit d'un autre langage : le langage déductif ou plus banalement et restrictivement, appelé « logique ». Ce langage structure par la division, l'analyse, la cause et les effets. De manière un peu caricaturale, sa forme en est linéaire.

L'analogie, chez Platon, a diverses fonctions : elle permet de dépasser les limites de l'expérience et de se représenter l'immatériel, elle unifie le multiple, identifie le divers et découvre l'inconnu [1]. Autrement dit, une fonction synthétique qui rassemble, parfois hardiment.

---

1. P. Grenet, *Les Origines de l'analogie philosophique dans les dialogues de Platon*, Éd. Boivin, 1948, p. 282.

Langage analogique, langage créatif

La créativité du langage analogique est magnifiquement illustrée par l'énigme de Kaspar Hauser tirée du film de Werner Herzog. Le jeune Kaspar découvert hébété, incapable de parler et de marcher, réussit, après deux ans d'efforts, à rattraper son retard. Il rencontre un professeur de logique chargé d'évaluer ses capacités déductives. Le professeur propose à Kaspar cette devinette : « Voilà, lui dit-il, tu te trouves au croisement de deux chemins qui mènent à deux villages : l'un de ces villages est habité par des gens qui disent toujours la vérité, tandis que dans l'autre ne vivent que des menteurs. Tu vois venir vers toi un homme et tu ne sais pas de quel village il vient. Pour le savoir, tu as le droit de lui poser une seule question. Méfie-toi, car, si tu lui demandes : « Venez-vous du village des menteurs ? », l'un comme l'autre te répondront que non. Si en revanche tu lui demandes : « Venez-vous du village du pays de la vérité ? », tous deux te répondront que oui. Voyons un peu comment tu t'en sors ! »

Kaspar fronce les sourcils et reste coi. Au bout d'un moment, le professeur se lance dans une fumeuse explication fondée sur la « logique par l'argumentation vers l'absolu ». Soudain Kaspar intervient timidement : « Je demanderai à l'homme, s'il est une grenouille verte. Celui du village de la vérité dirait : « Non, je ne suis pas une grenouille verte. » Celui du village des menteurs dirait : « Oui, je suis une grenouille verte », et ainsi je saurai d'où vient l'homme. » Stupeur du professeur, qui éclate, scandalisé : « Non, je ne puis accepter cette réponse, qui n'a rien à voir avec la logique ! La compréhension importe peu, c'est la déduction qui est l'essentiel ! En tant que professeur de logique et de mathématiques, je n'ai pas appris à comprendre, j'ai appris à déduire ! »

Cet extrait, tiré du livre de Rodari, *Grammaire de l'imagination*, illustre la fonction cognitive de l'imagination. Kaspar n'étant pas inhibé par des présupposés trouve cette image poétique de résolution dans la compréhension simultanée des deux termes de l'énigme.

> La transformation des métaphores et des analogies révèle des liens inconnus, des changements insoupçonnés, une continuité inédite. L'incertitude inhérente à la nouveauté est aussi une résistance au changement. La métaphore rend visible l'invisible et convertit le réel dans le domaine de l'invisible subjectivité.

➤ *Quel est le programme ? S'orienter sur les solutions*

La connaissance de la cause des troubles n'est pas la voie royale du soulagement ou de la guérison. Découvrir la cause et la traiter est la tarte à la crème que trop de patients viennent nous proposer au dessert de leur long et vain repas thérapeutique antérieur. Que la cause soit inaccessible ou inconnue, il est possible, malgré tout, d'engager un traitement qui apaise. Les victimes de viols, d'agressions, de catastrophes naturelles connaissent bien la cause et les circonstances de leur drame et il ne leur apparaît pas que ces causes puissent en être *aussi* le traitement !

D'autre part, la richesse symptomatologique des maladies psychosomatiques est démonstrative des capacités des patients à créer des liens surprenants entre des causes et des effets, entre le corps et l'esprit. Là encore, le langage populaire est évocateur de la nature de leur souffrance (« je ne l'ai pas digéré », « j'en ai plein le dos », « ça me reste en travers de la gorge », etc.) et leur expression littérale deviendra, analogiquement, un véhicule pour le soulagement. Ce langage ne nécessite pas de traduction en un diagnostic savant qui peut égarer le patient, traitons-le au niveau où il est, mettons le traitement en route en se défiant des diagnostics intempestifs. Si vraiment il est judicieux de donner une étiquette, assurons-nous qu'elle a les propriétés des fameuses étiquettes Post-it, détachables ou repositionnables !

➤ *L'hypnose est un grain de sel*

L'hypnose stimule par sa présence, elle agit comme un *catalyseur* qui suscite une action. Elle agit également comme un *dissolvant* dans lequel la symptomatologie se délite et se recombine autrement. Ces deux fonctions peuvent s'associer.

Cette réassociation peut s'inspirer de la fameuse règle du théâtre classique : unité de temps, unité de lieu, unité d'action. Beaucoup de troubles peuvent être regardés comme une dérogation à cette règle. Les expressions populaires ne manquent pas pour décrire ces états : « marcher à côté de ses pompes », « être déphasé, disjoncté », « ne pas être dans son assiette », « perdre la boussole », etc.

Aider les patients à se replacer au bon endroit, au bon moment, dans le bon mouvement est une définition de l'hypnose thérapeutique. Ces mêmes principes s'appliquent à des domaines thérapeutiques différents : le dépressif qui ne vit, immobile, qu'au passé, le phobique qui anticipe une menace et ressent, anxieusement, avant l'heure, le danger. D'autres exemples seront présentés dans le chapitre « Soigner avec l'hypnose ».

CHAPITRE 3

Les mécanismes de l'hypnose

« Un regard ou une parole
Qui met les crocodiles en fuite
Qui déchire les camisoles
Et ouvre les portes interdites.
Communication. »

Bill DERAIME

La mémoire

L'hypnose est le moyen de puiser dans le réservoir que constitue la mémoire, et de le faire communiquer avec le niveau conscient. Ces appréciations sont certes limitées sur le plan théorique, mais adaptées au plan pratique.

➤ *La mémoire, véhicule de l'hypnose*

Le mot mémoire est un vocable plus parlant, plus évocateur que les notions de conscient et d'inconscient. Il n'a pas la connotation intellectuelle ou psychologique du mot inconscient, il est plus accessible et englobant. Sa définition contient implicitement les notions de souvenir, d'oubli, d'apprentissage et de restitution automatique ou délibérée et du droit au secret. La mémoire est au cœur de nos activités en général et d'évidence avec l'hypnose. Aussi, nous allons brosser un rapide tableau des connaissances actuelles sur la mémoire et montrer les correspondances entre les découvertes scientifiques récentes et les techniques que nous employons en thérapie hypnotique.

La mémoire est le véhicule avec lequel les hommes se déplacent dans le temps. Elle participe à l'intelligence et nous permet de distinguer et d'établir des liens entre le passé, le présent et l'avenir. Sans ce capital, ni la vie relationnelle ni la création n'existeraient. Mais le coffre de ce véhicule n'est pas un réceptacle objectif des expériences passées et ne fonctionne pas comme un magnétoscope qui enregistrerait tout ce qui est dans le champ de la caméra. La mémoire n'est pas plus un « muscle » à entraîner de manière mécanique.

➤ *La mémoire est un réseau*

La recherche contemporaine en neuropsychologie, sur des patients au cerveau lésé, a mis en évidence l'activité cérébrale à l'aide des techniques d'imagerie : ces découvertes ont révolutionné les conceptions anciennes de la mémoire. Tout d'abord, il n'existe aucune localisation dans le cerveau qui soit spécifiquement liée à un type particulier de mémoire. Les diverses composantes de la mémoire sont réparties dans un ensemble de réseaux neuronaux dont l'imagerie cérébrale fonctionnelle s'attache à découvrir la réalité anatomique.

➤ *La mémoire dépend du contexte*

Des expériences récentes ont montré que la restitution des souvenirs dépendait du contexte dans lequel ils s'étaient constitués, ainsi que des conditions dans lesquelles ils sont recherchés. Autrement dit, la mémoire est faite de liens et d'associations contextuelles de natures différentes (visuels, olfactifs, auditifs, kinesthésiques, gustatifs, émotionnels, etc.) qui sont autant de voies d'accès au souvenir. L'exemple classique de la fameuse madeleine de Proust, dont le parfum et le goût donnent accès à un monde passé, résume bien ces observations. Ces stimulations sensorielles sont des jalons pour trouver son chemin dans ce vaste ensemble mnésique.

➤ *La mémoire autobiographique*

La mémoire autobiographique, avec sa subjectivité, est une des sources de la thérapie hypnotique. Les entretiens préalables à la mise en place d'une thérapie reposent sur la qualité des informations recueillies concernant l'« histoire de la maladie » ou du patient. Martin Conway et David Rubin estiment que cette mémoire autobiographique est constituée de trois formes de connaissances hiérarchisées.

- Le niveau le plus élevé contient des *périodes de la vie de longue durée* de l'ordre de plusieurs années : habiter à tel endroit, travailler dans telle entreprise.
- Le niveau intermédiaire correspond à des *événements généraux* qui s'étendent sur une période plus courte (jours, semaines ou mois) au cours desquels se déroule une action précise, comme préparer le permis de conduire ou vivre son premier amour.
- Le niveau inférieur est celui des *connaissances d'événements spécifiques* de brève durée (de la seconde à quelques heures) : l'obtention du permis de conduire ou le coup de foudre terrassant.

Lorsque les gens rapportent leur histoire, ces trois niveaux sont entrelacés.

Les suggestions d'induction hypnotique sont basées sur des propositions larges et vagues, correspondant à ce niveau d'événements généraux qui constituent la porte d'entrée naturelle de la mémoire comme l'ont montré les travaux de Barsalou[1]. Ces événements fondés sur la répétition (avoir pris pendant plusieurs mois le même bus pour aller travailler ou fait le même parcours de course à pied) consolident leur persistance mnésique. Conway et Bekerian[2] ont mis en évidence que le fait de commencer par fournir des périodes de vie facilite le rappel des souvenirs d'événements généraux et spécifiques. La connaissance des événements spécifiques est usuellement laissée de côté et un effort d'attention est nécessaire pour la recouvrer. Mac Adams soutient que l'histoire de la vie joue un rôle crucial dans la cognition et le comportement : « Le drame de la vie qui se déroule est révélé davantage par le récit que par les événements réels racontés. [...] Les histoires sont moins concernées par les faits et plus par les significations. »

Ces auteurs parlent de l'architecture des souvenirs, image à rapprocher du réseau neuronal ou de la trame d'un tissu (nerveux ?), voire d'une étoffe.

L'architecture habille des volumes intérieurs et détermine une circulation, une communication entre ceux-ci. Le thérapeute accompagne son patient, dans cette phase active,

---

1. L. W. Barsalou, « The content and organization of autobiographical memories », *in* Neisser U., Winograd E. (éd.), *Remembering reconsidered : ecological and traditional approaches to the study of memory,* New York, Cambridge University Press, 1988, p. 192-243.
2. M. A. Conway, D. A. Bekerian, « Organization in autobiographical memory », *Memory & cognition*, 15, 1987, p. 119-132.

par la forme verbale la plus efficace et la plus élégante : la métaphore.

La pêche : une analogie de l'action métaphorique de l'hypnose

La narration métaphorique établit différents niveaux de concordance avec l'histoire du patient. À titre d'hypothèse, voire d'« hypnothèse », il existe peut-être une sorte de superposition de la trame narrative sur le réseau mnésique neuronal. Les péripéties, les anecdotes, l'intrigue, les émotions des héros, la chute et la qualité d'expression du thérapeute forment un maillage, un filet, avec lequel le patient sera pêcheur et ramènera de manière imprévisible de plus ou moins grosses prises. Les différentes composantes de la métaphore font la richesse évocatrice de l'histoire et c'est une des raisons pour lesquelles elle aura cette qualité de suggestion indirecte. La suggestion est indirecte parce que l'on ne connaît pas à l'avance les effets qu'elle produira, si elle en produit.

Apprendre à pêcher est peut-être l'essence de la pratique hypnotique. Si l'on y regarde de près, la pêche ne requiert que peu de moyens (je n'évoque évidemment pas ici les problèmes économiques de cette activité). Un filet ou une ligne à laisser dans l'onde, un appât, la connaissance des bons coins fondée sur l'observation et de la patience sont les conditions minimales pour espérer attraper quelque chose. Mais nul besoin de connaître les profondeurs ou l'océanographie, il suffit de rester à la surface, voire au bord de l'eau, pour trouver de quoi se nourrir.

➤ *Les aventuriers de la mémoire ou* primum non nocere

La profondeur est attirante, mais, que ce soit dans l'océan ou dans la mémoire, les épaves sont les témoins de drames passés que le flux et le reflux du temps figent ou transforment en lieux de renaissance. Découvrir l'Amérique en croyant atteindre les Indes est une bévue assez fréquente. Le regard de l'observateur modifie l'expérience et notre position doit être très prudente et précautionneuse pour ne pas nuire. La difficulté est de distinguer ce que l'on perçoit au fond du reflet qui s'y projette, surtout si l'on se penche dessus ! Les risques existent de créer de faux souvenirs, cet aspect sera abordé plus loin.

L'exploration de la mémoire est aléatoire, qu'allons-nous y rencontrer ? D'aucuns prétendent, craignent et suggèrent que des cadavres cachés y pullulent. Pourquoi pas ? Nous devrons tenir compte des revenants et de leurs âmes en peine et surtout séparer le monde des morts de celui des vivants. Il est un temps, des lieux et des actes de mémoire pour tenter de retrouver un apaisement. Cette remise en place nécessaire sera favorisée par l'hypnose dans bien des indications (dépression, phobie, névrose traumatique, douleur, deuil). Cette mémoire pourrait bien aussi abriter des ressources, de belles endormies, ne demandant qu'à s'éveiller. Perspective d'une autre nature où une prudente pudeur familiarisera le patient avec ces ressources nouvelles. Il n'est pas toujours facile d'aller mieux.

Ce qui se retient le mieux est ce qui donne du sens. Encore une fois, un conte ou une métaphore sont parmi les meilleurs outils à notre disposition.

➤ *Les critères de la qualité du souvenir*

La qualité du souvenir est proportionnelle à la qualité des liens entre ses différents paramètres constitutifs. La stimulation des diverses zones du cortex où sont encodées les informations de l'objet ou de l'événement mémorisé crée le souvenir. De cette stimulation dépend également la restitution du souvenir. On voit là comment des facteurs externes contribuent à modifier l'enregistrement et le rappel du même événement. Graf et particulièrement Schacter[1], professeur de psychologie à l'Université d'Harvard, décrivent la mémoire en deux entités :

- la *mémoire explicite* lorsqu'on évalue le souvenir conscient en demandant à des sujets de se rappeler des mots qui ont été présentés précédemment ;
- la *mémoire implicite* lorsque des expériences passées influencent inconsciemment nos perceptions, nos pensées et nos actions. Squire[2] parle de manière similaire de « mémoire déclarative » et de « mémoire non déclarative ». La mémoire implicite, par définition, n'implique pas le souvenir de la source de l'information et pourrait jouer un rôle dans la troublante expérience dite de *déjà vu*.

Au début des années 1980, des études ont montré que des sujets pouvaient être influencés par des expériences récentes, même quand ils étaient incapables de se les rappeler ou de les reconnaître explicitement. Des traumatismes physiques ou émotionnels produisent des conséquences divergentes

1. P. Graf, D. L. Schacter, « Implicit and explicit memory for new associations in normal subjects and amnesic patients », *Journal of Experimental Psychology : Learning, Memory and Cognition*, 11, 1985, p. 501-518.
2. L. R. Squire, « Declarative and nondeclarative memory : multiple brain systems supporting learning and memory », *in* Schacter D. L. et Tulving E. (éd.), *Memory systems*, Cambridge, MIT Press, 1994, p. 203-232.

sur la mémoire ; certains se souviennent à jamais des tourments qu'ils ont endurés dans les camps de concentration, d'autres décrivent un « blanc » à partir d'une agression violente.

L'étude de la mémoire est le point focal de la recherche médicale dans le traitement des maladies liées au vieillissement dont la maladie d'Alzheimer est la plus médiatisée. Mais, à l'autre extrémité de la vie, les recherches sur les processus d'apprentissage des nourrissons et des jeunes enfants suggèrent que la mémoire implicite participe à l'apprentissage par l'expérience. Cette hypothèse est utilisée avec la technique hypnotique dite des « apprentissages précoces ». Cette technique de régression en âge porte sur une période de vie au cours de laquelle un ou des apprentissages se sont réalisés, apprentissages réussis et conservés jusqu'à maintenant. Les autres caractéristiques de ces apprentissages tiennent principalement en leurs conditions d'acquisition.

Un exemple illustrera cette forme d'apprentissage et de mise en mémoire : l'apprentissage de la marche. Au cours des premiers mois de la vie, le jeune enfant, bien qu'il ne maîtrise pas le langage oral et bien sûr écrit, va acquérir des connaissances fondamentales qu'il conservera toute sa vie. Il découvre, à partir de sa propre expérience d'observation et d'action, la persévérance. Malgré les pertes d'équilibre, la peur des chutes et la douleur, éventuelle, occasionnée par celles-ci, il va réussir à marcher, pallier les difficultés pour apprendre à courir et à sauter. Ces acquisitions s'intègrent dans son développement pour devenir automatiques. Il n'est plus besoin d'y penser pour arriver à poser un pied devant l'autre. Cette réussite difficile est acquise, la répétition de la réussite est maintenant automatique, inconsciente, et n'apparaît plus comme une victoire. Il s'agit de conditions d'apprentissage très anciennes qui peuvent être réactivées en tant que processus d'acquisition dans la récupération de fonctions sensitivo-motrices, mais aussi psychologiques. Nous tablons là sur la vertu métaphorique de la reviviscence de la réussite à une époque où l'on ne savait rien.

La stimulation sensorielle et émotionnelle associée dans la régression en âge au cours de l'hypnose (en s'appuyant sur les données récentes de la recherche) permet d'obtenir des résultats cliniques encourageants dans les troubles consécutifs à une lésion du cerveau. L'emploi de l'hypnose à la recherche de situations du passé sera plus valide si les bénéfices escomptés de la technique se mesurent à l'aune du présent. L'approximation subjective de l'hypnose sera guidée par ses résultats objectifs. La récupération sensitive et motrice, l'amélioration des troubles vaso-moteurs, une meilleure orientation dans l'espace et le temps augmentent l'autonomie du patient et seront autant de paramètres d'appréciation du traitement. Nous utilisons l'histoire du patient non pour en changer le début sur un mode utopique ou sur le mode moral du « si j'avais su », mais pour qu'avec sa collaboration une suite y soit apportée, un changement.

Ces équipes de chercheurs ont constaté que les conditions de mémorisation influaient sur la qualité du souvenir et, point qui nous est accessible, la situation de restitution conditionne également le rappel mnésique. Nous ne pouvons pas faire grand-chose sur les conditions initiales ; en revanche, une action est possible sur les conditions de remémorisation. Allan Baddeley a réalisé dans les années 1970 les premiers travaux portant sur l'incidence du contexte du rappel sur la qualité de celui-ci. Nous n'allons pas à la quête d'une vérité toute subjective, malléable et invérifiable, mais à la reconstitution d'une mémoire tournée vers le présent et le futur.

➤ *La notion de contexte émotionnel*

Beaucoup de gens se disent « nuls », « incompétents », et le croient, tout simplement parce qu'on le leur a dit et répété. Les commentaires du type : « Tu es un bon à rien ! », « Qu'est-ce qu'on a fait au Bon Dieu pour avoir un fils (une fille) pareil(le) ? », éructés par une personne ayant autorité, sont autant de suggestions directes, massives et violentes qui peuvent influencer durablement un enfant. De telles affirmations s'inscrustent dans la mémoire et forment une séquence récurrente d'autosuggestion négative.

Certes, prendre conscience de ces situations de violences anciennes n'est pas thérapeutique en soi : il a fallu du temps pour qu'elles s'implantent, preuve de la résistance de la personne à ces paroles, il faudra aussi du temps pour activer leur esprit critique.

Ainsi, les conditions psychologiques entourant un événement augmenteront sa persistance et sa reviviscence. La différence émotionnelle est évidente entre retrouver l'emplacement de sa voiture et retrouver soudain un ami d'enfance.

La mémoire est une mosaïque dans laquelle une autre approche considère la mémoire selon deux aspects : la mémoire à court terme, ou mémoire de travail, et la mémoire à long terme.

• *La mémoire à court terme* ressemble à une sorte de « pense-bête » qui recueille des notes utiles dans la vie courante, mais de conservation éphémère, comme les différentes courses à faire en ville, un numéro de téléphone ou bien encore le titre du film de la soirée à venir.

• *La mémoire à long terme* est activée par des émotions. Lors d'un choc émotionnel ou d'un traumatisme, des informations sensorielles et émotionnelles se gravent dans la mémoire ; parfois si intensément qu'elles peuvent devenir envahissantes et occuper tout le champ de la conscience, de jour comme de nuit. Une illustration des plus démonstratives est la névrose traumatique qui, dans ses aspects les plus graves, ne laisse aucun répit au patient. En état d'alerte, il voit, sent, entend, revit sensoriellement et émotionnellement le traumatisme dont il a été victime. Cette reviviscence se poursuit la nuit où les cauchemars se rapportant à l'événement le réveillent en sursaut. Nous aborderons plus loin l'intérêt de l'hypnose dans cette indication.

Ces notions de contexte émotionnel sont extrêmement importantes d'un point de vue juridique et légal ; les autorités judiciaires ont tendance à croire la mémoire infaillible, alors que le risque d'erreurs portant sur de fausses reconnaissances existe, surtout « si les témoins ont été soumis à des questions suggestives lors des interrogatoires », constate Schacter. Pour démontrer cette labilité mnésique, il divise en deux sous-groupes un groupe de personnes qui avait regardé le film d'un accident de voiture. Le premier groupe, à qui fut posée la question : « *À quelle vitesse approximative roulaient les voitures quand elles se sont percutées ?* », fournit des réponses d'une vitesse plus grande que celles du groupe qui répondit à la question : « *À quelle vitesse approximative roulaient les voitures quand elles se sont heurtées ?* » La différence de contenu implicite entre les deux verbes percuter et heurter influence la réponse qui par effet rétroactif modifie le sentiment de fiabilité du souvenir.

Le choix des mots, le ton et l'accentuation de leur prononciation sont autant d'indices pour orienter la recherche du sujet dans sa mémoire. L'hétérogénéité des composantes de la mémoire est une chance pour multiplier les possibilités d'accès au changement.

La suggestion

Si le véhicule de l'hypnose est la mémoire, son carburant brut sera la suggestion et son raffinement la métaphore.

Les suggestions sont destinées à produire l'état hypnotique au cours duquel viendront s'insérer d'autres suggestions, de type métaphorique, à visée thérapeutique.

➤ *Les suggestions directes*

Ce sont les plus connues. Leur formulation explicite place le patient dans une situation de choix binaire : accepter ou s'opposer. Les procédures traditionnelles d'induction étaient formulées directivement comme suit : « Asseyez-vous et fixez ce point sur le mur (ou ce pendule oscillant), fixez bien ce point et n'écoutez que ma voix qui va compter de 1 à 10. Quand je dirai 10, vous fermerez les yeux et entrerez en hypnose. Je dis 1, vous fixez ce point, je dis 2 vos paupières papillotent, 3 ne fermez pas vos paupières qui deviennent lourdes, 4 votre corps devient lourd, 5 de plus en plus lourd, 6 de plus en plus profondément pesant, 7 vos paupières sont en train de se fermer irrésistiblement, 8 et vous commencez à entrer dans une profonde détente, 9 est juste avant 10 vos paupières se ferment et vous entrez profondément en hypnose, maintenant ! »

Cette procédure reprend les techniques anciennes. Pour ma part, je combine les suggestions avec plus de souplesse de formulation, en tenant compte de la personnalité du patient, pour obtenir les effets souhaités. En cours de séance, des suggestions directes de soulagement peuvent être énoncées : « Votre main rafraîchie par cette fontaine est légère et s'élève jusqu'à votre visage et apaise ainsi votre douleur. »

Les suggestions indirectes, dont la métaphore, seront recommandées dans la phase d'approfondissement.

➤ *Les suggestions indirectes*

Ces suggestions sont dites « indirectes » pour leur imprécision apparente. Elles sont plus mobilisatrices pour le patient : il se trouve devant un choix qui lui laisse une marge d'appréciation personnelle. Cette approche indirecte s'apparente à un accompagnement. Dans ce mouvement, il convient de ne pas être trop en avant, ni loin derrière ; la progression du patient dépendra de la qualité de cette présence.

Dans cet espace proposé, le thérapeute donne des indications de direction, laissant le soin au patient de choisir son chemin. *Le caractère permissif, imprécis et ouvert de ces suggestions en fait tout l'intérêt*. Le patient à l'écoute de ces suggestions retrouve ou construit ses propres images et sensations.

Depuis Erickson, les tournures indirectes sont privilégiées, accordant au patient un éventail de réponses. Pour comparer et donner un aperçu, voici une séquence d'inductions utilisant des suggestions indirectes (les points de suspension indiquent des pauses dans le phrasé) : « Installez-vous confortablement dans ce fauteuil avec lequel votre corps fait connaissance… à son rythme. Par de petits mouvements, votre tête se pose sur le dossier… votre dos se cale… confortablement… et vos bras posés sur les accoudoirs prennent un appui qui pourra… changer plus tard pour… goûter à une position encore plus… agréable tandis que vos jambes, elles aussi, s'appuient sur le… repose-pieds. Et, pendant que votre corps s'installe… confortablement, votre esprit retrouve, peut-être, ainsi plus… facilement, dans sa mémoire ce lieu agréable de randonnée. Quand on aime se promener, il est fréquent de connaître un grand nombre de balades… ; et peut-être que différentes images de ces endroits… agréables défilent… en images intérieures qu'il est possible de… percevoir aussi bien les yeux ouverts que… fermés. Ces images défilent à leur rythme et je ne sais pas… quelle destination votre esprit… choisit aujourd'hui. Peut-être la montagne, la campagne, la mer ou bien encore… un autre lieu, et je ne sais pas… en quelle saison cette randonnée est… la plus agréable. Lorsque votre esprit aura… retrouvé ce lieu et ce moment, il me l'indiquera par… un petit mouvement volontaire ou… involontaire d'un doigt de l'une ou l'autre main. » Ici, on incite le patient à se focaliser sur ses propres sensations internes et à entrer, en quelque sorte, à l'intérieur de lui-même.

➤ *Le langage général est descriptif et ouvert*

Tout d'abord la voix

LE TON DE LA VOIX

Le ton devra être en « accord » avec le propos énoncé, c'est la seule condition réellement utile. Il pourra varier en fonction de l'intention, un peu comme un conteur sait capter l'attention dans ses variations. Une voix plus grave s'accordera avec les notions de profondeur, plus aiguë avec des images de légèreté.

LE RYTHME, LES PAUSES, LES SILENCES, LES ACCENTS

C'est un élément primordial. Il arrive souvent que les patients n'aient entendu que le rythme, mettant ainsi la vanité du thérapeute qui élabore des métaphores sophistiquées à l'épreuve de leur « surdité » ou de leur « amnésie ». Ce rythme est synchronisé sur la respiration du patient. Le thérapeute modifie alors son rythme pour changer celui du patient. Cette technique interviendra dans des indications comme l'anxiété ou bien à l'occasion de pathologies comme l'asthme ou la laryngite striduleuse, à titre de thérapie complémentaire.

Le rythme est caractérisé par l'alternance des temps de parole et des silences. Ceux-ci auront une valeur suggestive, laissant au patient le soin de les remplir. Le silence contribuera à augmenter l'attente. Le rythme associé à la tonalité façonne les accents, autrement dit, une insistance sur un mot ou un groupe de mots.

Les suggestions liées au rythme de la voix : les suggestions intercontextuelles

Le rythme permet de glisser des suggestions à l'intérieur d'une autre suggestion, par exemple : « Maintenant, les mains plus... légères ont... changé de position » montre la double suggestion de légèreté des mains et de changement global incluse dans le participe passé « changé » qui peut être entendu comme une incitation « *changez* de position ».

L'ensemble de ces modalités organise des suggestions dites de « saupoudrage » et/ou « intercontextuelles » car contenues à l'intérieur d'autres. L'exemple basique ci-dessus repose sur la confusion auditive de l'orthographe des verbes du premier groupe. Changer, changez, changé(e)(s) sont les différentes formes conjuguées du même verbe. Cette ambiguïté fournit une articulation entre deux phrases différentes et permet ainsi d'inclure deux sujets du même verbe : un sujet explicite et un autre implicite, le patient.

Le vocabulaire employé sera *précisément vague,* à dessein. La mise en scène de cet accompagnement utilisera des termes assez généraux afin de susciter l'apparition d'images ou d'autres sensations appartenant au patient et non la projection de nos propres perceptions.

La séquence d'acceptation

C'est une technique importante, composée d'une suite d'affirmations indiscutables, qui entraînent une attitude moins évidente *a priori.*

Un petit exemple amusant qui se joue volontiers dans les cours d'école montrera ce qu'est une séquence d'acceptation : je vous propose d'y participer. Vous allez lire des questions, répondez-y simplement :

- De quelle couleur est la neige ?
- À part les touches noires, de quelle couleur sont les autres touches d'un piano ?
- De quelle couleur est habituellement une feuille de papier ?
- De quelle couleur est la fleur de coton ?
- De quelle couleur est habituellement la blouse d'un médecin ?
- De quelle couleur est le cheval blanc d'Henri IV ?
- De quelle couleur est la mousse de la bière ?
- De quelle couleur est l'écume de mer ?
- De quelle couleur sont de jolies dents ?
- Et maintenant que boivent les vaches ?
- Du lait ? !
- Vous croyez ?

Une série d'affirmations évidentes conduit à des réponses inédites…

Des évidences plus discrètes seront employées pour obtenir une transition à un autre état de conscience.

« Il est 10 heures *et* une douce musique occupe l'espace sonore *et* vous êtes assis, maintenant, sur ce fauteuil... *et* vous êtes probablement perplexe car c'est la première séance. Nous sommes ici dans ce bureau *et* votre corps, presque immobile, qui commence à... goûter(z) à cette position... pendant que votre esprit, lui, se demande comment... entrer(z) en état d'hypnose... »

La suggestion ouverte couvrant toutes les possibilités

Cette technique décrit les différentes éventualités d'un choix. Elle est une forme de choix illusoire. En réalité, le choix ne porte que sur une partie secondaire de la situation.

Dans l'exemple suivant, la suggestion principale est la baignade, peu importe le lieu, qui est laissé à la fantaisie du patient. Dans tous les cas envisagés, plage, calanque, lagon ou piscine, la baignade est incluse. L'important est de créer une ambiance qui permette la réalisation de la suggestion. Les suggestions respectent la réalité du patient et l'aident à retrouver un souvenir avec les sensations qui s'y rattachent. Le patient vit, alors, une réalité subjective.

La confusion, une technique qui possède plusieurs avantages

Elle entraîne une sorte de désorientation qui éloigne le patient de ses repères habituels, le conduit à rechercher un sens aux paroles entendues et le rend plus disponible pour une autre suggestion, exprimée plus clairement. Un langage incohérent et confus a pour fonction de « saturer » la conscience. Il aide à contourner l'inertie de la pensée consciente et de sa « résistance » à la souplesse du fonctionnement analogique. La confusion sera particulièrement employée lors de l'induction de la séance.

« Il est possible que votre esprit sache mieux que votre corps où il n'est pas encore allé, à moins que l'inverse n'en constitue que la réciproque. Et je tiens à vous demander d'être particulièrement attentif à tout ce que je vais vous dire afin que votre résistance sache pertinemment à quoi elle ne s'oppose pas et *vice versa*. Quoique ! »

Coordonner pour lier

Les conjonctions de coordination ont pour fonction de relier des propositions qui n'auraient pas habituellement de liens. En hypnose, on fait un usage important des conjonctions de coordination, non seulement pour lier les propositions, mais aussi pour obtenir un phrasé qui s'articule sur ces conjonctions. Le but est d'utiliser une évidence qui sera naturellement admise, pour l'étendre à la proposition qui suit.

Exprimer le mouvement

Des locutions adverbiales expriment la progressivité de ce mouvement : « *peu à peu, au fur et à mesure, de plus en plus, progressivement* » et « *peut-être* » laissent au patient une latitude de décision quant au niveau d'intensité.

« *Au fur et à mesure* que votre corps se dirige vers ce sommet *ET* à chaque respiration, lente, calme et régulière, votre corps devient *de plus en plus* léger… »

Ces locutions sont importantes parce qu'elles expriment un mouvement, un changement orienté vers une augmentation, à l'encontre de formules telles que « *tout à fait, complètement, parfaitement, absolument* » et, la pire, « *fatalement* » qui ferment et indiquent bien un état inerte. Ô combien pour le dernier !

Le questionnement et la suggestion négative sont d'autres formes de suggestions indirectes

« *Et je me demande* quelle est la perception la plus intéressante au cours de cette activité ET *je ne sais pas* quelle sensation restera au-delà de cette séance, peut-être le calme ou bien une autre ? » Ce type de suggestion porte sur la position d'ignorance du thérapeute qui sera validée par le silence du patient qui garde la réponse pour lui-même. En fait, le thérapeute ne demande pas de réponse pour lui, mais suscite celle-ci chez le patient.

La suggestion composée différée

C'est une suggestion qui implique une réponse, après un certain délai au cours duquel on présuppose que la première suggestion aura déjà fonctionné ! La réponse obtenue correspond à un « *signaling* », une sorte de code non verbal de communication.

« Lorsque votre mémoire aura choisi ce lieu de destination et que votre esprit aura retrouvé ce qui en fait votre réalité, *alors* votre index droit me l'indiquera par un petit mouvement volontaire ou involontaire. »

La communication doit tenir compte des différents axes sensoriels du patient et proposer des suggestions qui donnent un échantillonnage complet de ces axes. Certaines de ces expressions peuvent nous indiquer un domaine privilégié : à titre d'exemple les expressions ordinaires telles que « j'en *ai plein* le dos », « je ne *vois* pas ce que vous voulez dire », « je *m'entends* bien avec lui », « je ne le *sens* pas comme ça », renvoient respectivement aux axes kinesthésique, visuel, auditif et olfactif. La séance d'hypnose nous renseignera davantage, notamment au cours de l'entretien qui la suit, sur les sensations qui y sont apparues. Elles nous serviront de préparation pour la séance suivante, les séances s'imbriquant pour une expérience personnalisée dans laquelle le patient devient plus autonome.

➤ *Le langage est métaphorique*

> « Demander à l'imagination d'interroger librement le réel. »
>
> Louis PAUWELLS

La métaphore et ses caractéristiques

LA VALEUR COMPARATIVE

La métaphore est une figure de style qui, comme la comparaison, a une valeur analogique. Deux (ou plusieurs) réalités sont mises en parallèle, et cette contiguïté conduit à assimiler peu ou prou l'une à l'autre. Dans la phrase : « Cet enfant est comme un soleil, il rayonne. » La première partie est une comparaison, la seconde une métaphore. Cette phrase sera « contractée » en « Cet enfant est un soleil », qui est une métaphore.

L'analogie est un langage traditionnel qui s'adressait autrefois aussi bien aux gens peu instruits qu'aux érudits, allant de formes simples aux plus complexes des allégories. Pour rester dans les figures facilement accessibles, les enseignes ont constitué pendant longtemps des exemples communs de ce langage. Il en était sûrement ainsi lorsque, au XIVe siècle, le voyageur fourbu par une longue marche, voyait avec bonheur la silhouette dorée d'un lion se balancer doucement à une façade de bon aloi. C'était pour lui la promesse d'une halte, et d'un repos attendu. L'enseigne de l'hostellerie *Au lion d'or* lui annonçant qu'au lit, on dort !

Cette façon de présenter au regard ce qui est à l'intérieur n'est un mystère que pour celui qui ne sait pas lire les images. Lire les images implique qu'il faille les dire, c'est par la parole qu'elles prennent une réalité et un sens. Mais les affiches ne sont pas des enseignes ! Elles montrent plus qu'elles n'apprennent...

La valeur attributive

Un transfert d'attribution s'opère entre les éléments comparés. Elle complète la statique notion de similitude en la dotant d'un sens, d'une fonction ; elle devient dynamique. Métaphore vient du grec *metaphora* qui signifie transport aussi bien au sens figuré qu'au sens concret. Dans la phrase : « Cet enfant est un soleil », les propriétés du soleil sont transférées, attribuées à l'enfant conférant à celui-ci une énergie que la métaphore traduit de manière saisissante. Parfois, le sens de la métaphore est plus obscur, ce mystère contribuera à en faire une énigme ou de la poésie. Forte stimulation pour celui qui doit en découvrir le sens.

La métaphore est une forme usuelle d'expression

La métaphore tire son efficacité de sa capacité à synthétiser, à rassembler en une forme concise, descriptive et naturelle un long développement explicatif. Les formes plus complexes du conte, récit traditionnel, renferment une succession de métaphores imbriquées. Les qualités de pittoresque et d'anecdote de la métaphore renforcent son impact suggestif.

L'intérêt de la métaphore en thérapie

— *Établir une relation empathique sécurisante* : la métaphore avec son langage familier et imagé favorise le contact entre le thérapeute et son patient.
— *Développer une argumentation en fixant l'attention* : cette proximité de langage capte plus facilement l'attention et permet de
— *Créer des correspondances* : c'est-à-dire des similitudes entre les éléments de la métaphore et la plainte du patient.
— *Recadrer une symptomatologie* : lui donner un sens supplémentaire qui change le regard du patient sur ses difficultés et ainsi
— *Changer de point de vue* en
— *Encourageant l'imagination personnelle du patient.* Cette mise en mouvement contribuera à
— *Réduire la résistance.* En effet résister à quoi, puisque le problème a changé et cela permet d'induire et de
— *Suggérer des solutions.*
— *Favoriser l'expérience et sa mise en mémoire.* Le langage imagé de la métaphore fait référence aux connaissances notamment émotionnelles du patient qui assureront l'empreinte mnésique.
— *Agir dans la continuité.* Les multiples associations qui naissent de la compréhension de la métaphore opèrent une transition souple entre le problème et sa résolution. La métaphore ne crée pas de rupture.
— *Responsabiliser les patients.* Le patient acquiert un nouveau sens à ses symptômes et, grâce à la métaphore, se trouve responsabilisé implicitement.

Le choix de la métaphore

Le sentiment d'identification fait la force de la métaphore comme facteur de changement ; c'est pourquoi le choix du conte et du moment pour le raconter appartient au thérapeute.

Un conte évoque souvent un voyage ou pour le moins un chemin à parcourir et il est possible de résumer simplement et très schématiquement la structure d'un conte en cinq temps :

- Le prologue : il était une fois…
- Les acteurs du drame : un ou des héros.
- L'exposition du problème,
- Pour lequel existe une issue,
- Qui se conclut par un retour à soi.

C'est avec ce schéma que des contes métaphoriques peuvent être élaborés de façon personnalisée. Cependant le patrimoine des contes en recèle un grand nombre dotés de vertus éventuellement thérapeutiques.

L'un des contes les plus connus, *Le Vilain Petit Canard*, permet à celui à qui il est destiné de retrouver, parmi les péripéties du récit, ses propres difficultés d'existence, et, malgré une situation de départ incertaine, voire largement défavorable, réussir à surmonter les épreuves de la vie. Ce conte est intéressant pour les personnes qui ont des doutes sur les qualités et les possibilités qu'elles possèdent. Il est à noter qu'écouter un conte en état hypnotique est une expérience plus intéressante, je dirais plus vivante, que de le lire. Un conte doit être dit et entendu. Lorsque nous parlons de conte, nous sous-entendons sa version intégrale et originale pour une bonne compréhension de celui-ci.

Le déroulement du conte comporte six étapes :

- *Le conflit métaphorique* : naissance du petit canard pas comme les autres.

- *La mise en route de processus inconscients et de potentialités futures* : la mère du caneton le défend et met en valeur ses qualités positives tandis qu'apparaissent les cygnes.
- *Les situations d'apprentissage parallèle* : apprendre à nager, à prendre soin de soi-même, à voler.
- *La crise métaphorique* : agression dans le marais, hiver glacial dans la mare.
- *La nouvelle identification* : le petit canard se voit cygne dans le miroir de l'eau.
- *La reconnaissance* : les cygnes plus âgés lui font la révérence.

Le conte a une fonction thérapeutique grâce aux différentes péripéties auxquelles le patient s'identifie et surtout grâce à la succession des épreuves qui sont autant d'étapes à franchir et qui mènent à la résolution du problème. Le conte part du présent et s'oriente vers le futur, il implique une issue favorable en révélant que le problème a *déjà* été résolu.

La référence contemporaine était devenue américaine et certains dessins animés ont contribué à en édulcorer le contenu jusqu'à la caricature. Le conte est présent dans toutes les cultures mais, sous nos cieux, il avait perdu de son attrait. Un renouveau d'intérêt est cependant perceptible dans le retour sur la scène publique de nombreux conteurs.

Les formes de l'analogie

L'analogie : forme descriptive qui opère une similitude.
La métaphore est une figure de style qui a une valeur analogique comme la comparaison et une valeur d'attribution qui favorise l'identification.

L'allégorie représente des abstractions (sentiments, idées, principes moraux ou intellectuels) par des symboles physiques ou animés (formes artistiques) ou par le développement continu de métaphores (en littérature). La colombe avec son rameau d'olivier dans le bec annonce la fin du déluge et la paix retrouvée.
La parabole est une parole constituée de métaphores, de symboles et d'allégories exprimée par un personnage ayant autorité qui place son propos dans le registre spirituel.

Le travail d'Erickson est riche en exemples de métaphores, cependant je prendrai dans notre patrimoine cinématographique un exemple de déplacement métaphorique : la scène finale du célèbre film de Marcel Pagnol *La Femme du boulanger*. Dans cette scène, Aurélie, épouse infidèle de retour au foyer après son escapade amoureuse avec un berger, est accueillie par Raimu, le mari boulanger. Celui-ci s'adresse à sa femme en termes polis et s'accuse de fautes imaginaires pour se réconcilier avec elle. Simultanément entre Pomponnette, la chatte frivole, qui est allée courir les chats de gouttière pendant que Pompon, le vieux chat, se morfondait. Raimu n'hésite pas alors à changer de ton et de vocabulaire, insultant et mortifiant la chatte qui revient par intérêt. Le parallèle entre les deux héroïnes féminines est évident et le dialogue métaphorique du couple qui refait alliance est d'une rare qualité. La littérature romanesque est une source infinie d'exemples et d'inspiration pour le thérapeute, et les autres bien sûr.

Comment agit la métaphore

Première vertu de la métaphore : le recadrage, travail stratégique orienté sur le contexte de vie

D'une façon ou d'une autre, les patients qui nous consultent nous posent des questions. Ces questions sont les résultantes d'un contexte dans lequel le patient n'a pu trouver de réponses, soit parce qu'elles ne s'y trouvent pas, soit en raison d'une méthode inappropriée. Notre propos n'est pas de fournir coûte que coûte des réponses mais d'observer avec un regard neuf la situation proposée. Nous ne faisons pas le travail à la place du patient, mais nous lui proposons un nouveau cadre pour changer et ce cadre peut lui permettre une nouvelle identification de ses troubles.

De manière habituelle, lorsqu'il s'agit de soigner, l'attention se porte sur la lésion ou le problème ; la référence, en l'occurrence, est la maladie non la santé. Cette vision correspond à une attitude simple qui se focalise sur un point négligeant le contexte. La position usuelle vis-à-vis d'une lésion est de la faire disparaître et cette attitude a une efficacité et une légitimité qui consistent à s'attaquer au pathologique. La pratique contemporaine de l'hypnose s'inscrit dans cette logique, mais pas uniquement. Elle portera aussi son action sur le contexte comme ressource ; soigner la lésion est utile, mais faire grandir la peau saine qui l'entoure augmente les possibilités de guérison. Erickson a particulièrement développé cette notion dans le principe d'utilisation du contexte. Ces deux voies sont évidemment complémentaires, la suggestion directe peut s'avérer suffisante par son action plus ciblée sur le problème, à la différence des suggestions métaphoriques qui interviendront plus globalement.

Erickson a eu le mérite insigne de ne pas s'intéresser uniquement à la médecine ou à la psychiatrie et de se servir de toutes ses expériences humaines pour enrichir sa pratique professionnelle. Sa curiosité intellectuelle et son sens de l'observation lui ont permis de communiquer très naturellement avec ses patients. Les ponts qu'il établissait entre des faits de la vie quotidienne et les problèmes présentés par ses consultants sont l'essence de sa pratique. L'idée du changement repose sur la capacité à mettre en perspective les problèmes des patients dans leur propre contexte. Ce travail porte le nom de recadrage que Watzlawick, Weackland et Fisch ont défini de la manière suivante : « Recadrer signifie changer l'ensemble ou le point de vue conceptuel et/ou émotionnel à travers lequel une situation donnée est vécue, et la replacer dans un autre cadre qui s'adapte tout aussi bien et même mieux aux “faits” concrets de la même situation, et qui change ainsi toute sa signification. » Ces auteurs ont choisi un exemple de recadrage parmi d'autres dans la littérature, en l'occurrence l'histoire de Tom Sawyer de Charles Dickens. Tom est puni et doit peindre une palissade un jour de congé. Tom redoutait les moqueries de ses amis et notamment celles de Ben qui par malchance arrive le premier à sa hauteur en allant se baigner. Le dialogue suivant s'engagea :

« – Salut vieux ! On te fait travailler, hein ?

– Ah, c'est toi Ben ! J'avais pas remarqué.

– Dis donc, je vais me baigner, moi. T'aurais pas envie de venir ? Mais, non, tu préfères travailler, n'est-ce pas ? Voyons, bien sûr que tu préfères !

– Tom considéra un instant le garçon et déclara :

– Qu'est-ce que tu appelles travailler ?

– Quoi, ça, c'est pas travailler ?

Tom recommença à peindre et laissa tomber négligemment :

– Peut-et', et peut-et'pas. Tout c'que j'en dis c'est que Tom Sawyer ne s'en plaint pas.

– Allons, allons, tu n'vas pas faire croire que tu aimes ça ?

Le pinceau ne s'arrêta pas.

Si j'aime ça ? Et pourquoi que je l'aimerais pas ? Est-ce qu'un garçon comme nous a l'occasion de passer à la chaux une clôture tous les jours ?

L'affaire se présentait différemment. Ben cessa de mordre dans sa pomme. Tom imprima à son pinceau un coquet mouvement de va-et-vient, recula pour voir l'effet produit, ajouta une touche à quelques endroits, critiqua à nouveau l'effet, tandis que Ben, observant chaque geste, se sentait de plus en plus intéressé, de plus en plus captivé. Soudain, il dit : "Eh, Tom, laisse-moi passer un peu de chaux." L'après-midi n'était pas fini que la palissade avait reçu trois couches et que les poches de Tom étaient pleines des trésors dont les garçons s'étaient dessaisis pour avoir le privilège de peindre eux aussi la clôture. »

Nous pouvons commenter, dans notre jargon, cet extrait en disant que Tom a réussi à *recadrer* une punition en une activité plaisante et payante. La réalité avait changé.

Cette façon de considérer les choses est illustrée par ce simple exercice popularisé par Paul Watzlawick dans son ouvrage *Changements*[1].

Voici l'énoncé de cet exercice :

Reliez les 9 points, placés comme ci-dessous sur une feuille de papier, par 4 droites sans lever le crayon.

Accordez-vous quelques minutes pour chercher la solution de cet exercice. Une question peut vous mener à la solution, en tout cas, à vous en souvenir : « Que voyez-vous ? »

---

1. P. Watzlawick, J. Weakland , R. Fisch, *Changements, paradoxes et psychothérapie*, Paris, Seuil, 1981.

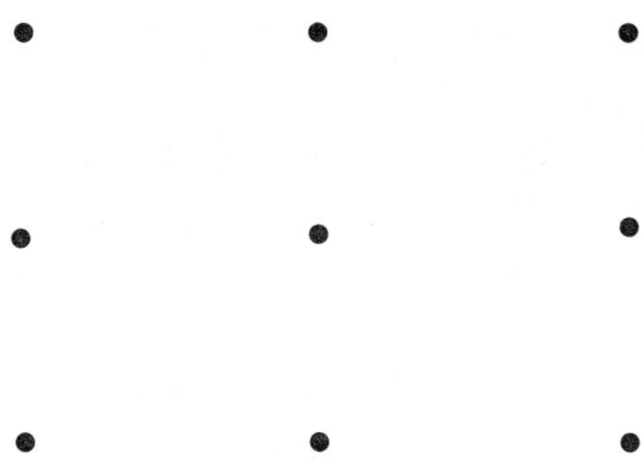

La solution est à la fin du livre, page 265.

En restant dans le registre visuel, nous avons un autre exemple célèbre, Magritte a peint un tableau qui est en lui-même un recadrage. Quelle réalité contemplons-nous devant ce tableau où est peinte une pipe surmontant la phrase : « Ceci n'est pas une pipe » ? Les commentaires face à ce tableau ont conduit Magritte à récidiver en dessinant à nouveau une pipe sous laquelle était écrit : « *Ceci continue de ne pas être une pipe* ». Le public, à qui le second tableau était destiné, ne faisait pas encore la distinction entre l'objet et sa représentation. Confusion, hélas, trop fréquente où l'ombre est prise pour la proie.

Un exemple clinique illustre cette idée du recadrage : Martine m'est adressée par son médecin pour un état dépressif consécutif au décès de son mari. Veuve d'un mari de vingt-cinq ans plus âgé, personnage brillant et rayonnant, qu'elle décrit comme lui ayant tout apporté. Martine dépérit, n'a plus le goût à rien, est triste, se replie sur elle-même. Son état de fatigue ne lui permet plus de broder ses abécédaires. Son refus des antidépresseurs la conduit à essayer d'autres voies thérapeutiques. Au cours de trois consultations d'une heure, je fais connaissance avec ses plaintes, sa vie avant et depuis le décès de son mari. À son entrée dans

René Magritte, *La Trahison des images.*

mon bureau à la quatrième consultation, le ton plaintif qu'elle utilisait jusqu'à présent a disparu. Elle se campe debout la main appuyée sur le dossier de la chaise en face de moi et me lance en colère : « Je ne vois pas pourquoi je continuerais à venir chez vous pour discuter et je vous rappelle que je fais deux heures et demie de voiture pour venir ici, pour une conversation de Café du Commerce que d'autres médecins peuvent très bien faire eux-mêmes ! » Je suis un peu surpris par tant d'agressivité, peut-être méritée — l'art de la conversation ou de la communication est chose délicate —, je lui réponds aussitôt : « Cela fait combien de temps que vous avez parlé à quelqu'un sur ce ton ? »

Interloquée, Martine réfléchit et répond dans un sourire : « *Jamais !* » Je lui propose alors de s'asseoir pour en savoir plus. Elle ne s'était pas rendu compte des changements survenus dans sa vie dont le plus notable était sa nouvelle manière de jouer avec les couleurs. Elle focalisait son attention sur des consultations spectaculaires et rien de tel n'était apparu. Finies les petites broderies « gnan-gnan », place à la peinture en plein air au couteau avec une palette de bleu, de rouge et de violet. La femme transparente et diaphane a fait place à une femme plus tonique et décidée. Martine était-elle réellement dépressive, en réaction au décès ? Ou, hélas, tout simplement veuve ? Du diagnostic dépend le traitement. Faut-il « médicaliser » tous les passages difficiles de la vie ? Peut-être qu'en commençant par des évidences, les résultats thérapeutiques seraient, dans un certain nombre de cas, plus satisfaisants ? Mais, dans ces cas plus heureux, une thérapie a-t-elle eu lieu ? La question doit se poser ; elle a comme mérite de redonner une place à la parole et de mettre des mots sur les événements de la vie, plus simplement. Elle présentait des signes dépressifs, peut-être n'ai-je pas insisté sur les aspects pathologiques, d'où son ressentiment, pour mettre l'accent sur des idées d'expansion qui se sont traduites, aussi, par cette colère et ces changements. Recadrage d'une compréhension et d'une émotion.

La deuxième vertu de la métaphore : valoriser les aspects du contexte

Les éléments recadrés (considérés) comme ressources deviendront des appuis pour la thérapie. Charles, menuisier, est en arrêt de travail, conséquence d'un accident professionnel depuis huit ans. Bien que ses douleurs aient régressé, d'après lui, de plus de 70 % en un mois, elles restent sensibles aux variations climatiques et il n'y a pas d'espoir qu'il puisse reprendre son métier manuel. Par ailleurs, Charles a des talents en informatique qu'il met au service d'une équipe de motos de course. Une histoire métaphorique conçue autour de ses connaissances en isolation et de ses talents à « piloter » la souris l'a aidé à moins souffrir et à s'impliquer autrement dans son entreprise. Il a pu reprendre le travail au niveau de la direction de la gestion laissant à d'autres le soin de poser les portes et les fenêtres ; ce changement n'était pas envisagé avant l'accident. Charles a appris l'autohypnose et pratique celle-ci quotidiennement pour s'isoler de la douleur. Maintenant, il ne touche plus d'indemnités journalières mais un salaire, preuve de son rétablissement progressif.

TROISIÈME VERTU : MODESTIE DANS L'ACTION

Erickson défend l'idée qu'un petit changement est plus facile à obtenir et donne du temps au patient pour qu'il le consolide. À l'instar de la boule de neige qui grossit au fur et à mesure de sa descente, le changement s'amplifie.

➤ *Les fonctions de la suggestion*

> « Ce n'est pas la parole de l'opérateur, c'est le cerveau de l'opéré qui fait la guérison. Ce n'est pas l'aliment qui nourrit, c'est l'usage que les organes digestifs en font. »
>
> Hippolyte BERNHEIM

La suggestion est-elle éthique ? Est-elle légitime ?

Est-il permis ou légitime d'influencer, consciemment ou non, quelqu'un d'autre que soi ? La question peut paraître superflue, mais il est étonnant de s'apercevoir qu'elle a de la pertinence dans certains contextes professionnels et qu'en dehors d'eux la question ne se pose plus, en tout cas autrement ! D'aucuns pratiquent la psychothérapie dans le silence.

Étrange paradoxe. Stupéfiante manifestation de cécité ou plutôt de surdité. Devant un écran de télévision, un journal, la question de la suggestion est souvent oubliée. Et pourtant !

Étonnante « naïveté » du public qui, dans notre monde d'images, de radio, de télévision et d'Internet, ne sait pas toujours faire la différence entre l'information et la suggestion, notamment lorsqu'elle revêt sa forme la plus vénéneuse : l'intoxication. Nous baignons dans un monde où le recul nous manque pour établir des liens dans le morcellement orchestré des nouvelles, délivrées au gré des paramètres de l'audimat. La contemplation autosatisfaite du vide, avec les dernières trouvailles de nos télécrates comme *Loft Story*, est propice à modeler toutes sortes de *fashion victims*. L'imitation servile est devenue un mode d'existence. Les médias sportifs véhiculent un langage guerrier sans aucune ambiguïté et leur manichéisme détruit les idoles qu'ils avaient adorées, voire créées, la veille. Un « besoin » de satisfaction immédiate, leurre dérivatif, permet de canaliser et de manipuler en contrôlant la pensée critique. Les Romains, habiles politiques, pratiquaient déjà ce mode de communication démagogique avec la célèbre formule « Du pain et des jeux », garante de la paix civile et de diversion stratégique. La manipulation des foules par la flatterie des pires égoïsmes a engendré les totalitarismes, dont l'Histoire récente se fait encore et toujours l'écho.

Mais notre sujet est l'hypnose thérapeutique, c'est-à-dire l'utilisation des techniques suggestives au bénéfice du patient. La suggestibilité, c'est-à-dire la réceptivité à une suggestion, n'est pas une faiblesse, mais une disposition sensible qu'il convient de reconnaître pour en bénéficier, tout en étant attentif et prudent.

À quoi sert la suggestion ?

La suggestion peut s'énoncer sous une forme indicative ou impérative (c'est cette dernière que l'on rattache improprement à l'hypnose). Plus subtilement, elle est formulée sous la forme interrogative. Cette précision est au cœur du travail du thérapeute. Il ne suggère aucune réponse toute faite, prédigérée et prête à l'emploi parce qu'il est ignorant. Ce constat introduit son questionnement et son travail indirects.

Les interrogations du thérapeute ont parfois l'allure de contes ou de métaphores qui ont l'avantage de ressembler à l'histoire que raconte le patient. L'intérêt de cette méthode est qu'elle contient des questions et des réponses qui élargissent la compréhension du patient. Lui aussi est ignorant. Il ignore comment faire pour aller mieux. Et le thérapeute a, peut-être, une expérience dans ce domaine, un savoir-faire à transmettre. L'originalité du travail d'Erickson est d'avoir réintroduit un humanisme en médecine et en psychologie, en s'inspirant du monde du patient.

Les questions concernant la nature suggestive de la communication sont aussi d'ordre sociologique. Quand, où et comment, dans la vie courante, la suggestion n'est-elle pas présente ? Existe-t-il des situations relationnelles sans influence, sans échange ? Qu'est-ce qu'un dialogue ? Comment la connaissance vient-elle aux hommes ? Cette liste n'est évidemment pas exhaustive, évocatrice probablement.

La place de la rhétorique dans la suggestion

Selon Quintilien : « La rhétorique est l'art de bien parler. » Mais au-delà de l'art réside l'intention qui anime cette parole, et de cette intention dépend sa valeur. Le rapprochement avec la pratique de l'hypnose comme mode de communication a déjà été signalé par Thierry Melchior dans son livre *Créer le réel, hypnose et thérapie*. Cependant, n'exagérons pas, la connaissance érudite de l'éloquence n'est pas nécessaire, il s'agissait seulement de replacer l'hypnose dans un contexte linguistique.

Lors de nos sessions de formation professionnelle, je recommande la lecture de deux livres ; le *Dictionnaire des synonymes* et le *Dictionnaire des idées par les mots*[1]. Ouvrages qui donnent *aux ignorants* que nous sommes tous, les moyens d'affiner nos expressions. L'enrichissement de notre vocabulaire augmente notre capacité à nuancer, à discerner les variations plus ou moins subtiles contenues dans le langage de notre patient. Aider notre patient à s'exprimer est une attitude thérapeutique.

La suggestion implique une association

La suggestion permet de relier, de manière active, deux éléments ; elle tend à créer un lien de cause à effet. Sa réalité génère une autre réalité, elle entraîne une réponse. « Votre respiration, calme et profonde, s'étend... à tout votre corps qui perçoit... une chaleur bienfaisante permettant à votre esprit, plus libre... d'apprécier sous un jour nouveau la situation. » Elle transforme une idée en action. Ces liens se retrouvent aussi entre une sensation et une émotion, lorsqu'une musique suggère et apporte le calme ou, au contraire, stimule.

La suggestion : un préliminaire à l'action

La suggestion suscite, éveille, active, conseille, encourage. Elle peut, bien sûr, le faire dans des directions malveillantes, mais c'est alors la dissimulation de l'intérêt particulier du porteur de parole qui est en jeu et non la

1. Dictionnaires Le Robert, Paris, 1986.

suggestion en elle-même. Il est licite ici de parler de *manipulation.*

L'intention de celui qui formule la suggestion est plus importante que la suggestion en tant que telle. Une phrase ne devient une suggestion que par sa capacité à déterminer une action chez celui qui l'écoute. Cette action peut se manifester sous la forme d'une pensée, d'un sentiment, d'un geste ; en fait, il s'agit d'une réponse à une stimulation externe.

L'hypnose, exploitée par des charlatans, sort du domaine thérapeutique et l'apparition des phénomènes hypnotiques est alors présentée comme la conséquence d'un don appartenant à l'hypnotiseur : ceci est une suggestion d'un niveau différent. Une telle présentation a pour corollaires la fascination admirative ou la peur. Ni l'une ni l'autre ne développent le sens critique, mais davantage les croyances et les fausses certitudes. Ce contexte favorise en premier lieu l'impressionnabilité du sujet en dissimulant la technique sous un don supposé. Ce détournement de l'attention sur le prétendu pouvoir de l'hypnotiseur est un mensonge visant à camoufler aux yeux du sujet ses propres dispositions à agir par lui-même.

> Le travail du thérapeute consiste à restituer au patient ce qu'il possède déjà, mais ignore posséder.

Ce rôle est actif et s'inscrit dans une perspective d'aide qui associe une action ambitieuse avec une attitude modeste, autant que possible…

La suggestibilité, ou tout le monde est-il sensible à la suggestion ?

Un état spécial est-il requis pour l'action de la suggestion ? Cette question, l'abbé de Faria y avait déjà répondu en observant que la concentration du sujet sur la parole du thérapeute contribuait à la réussite de la suggestion, tout au moins en ce qui concerne l'obtention de cet état hypnotique.

Le débat tourne schématiquement autour de deux concepts :

• La notion de *suggestibilité*, autrement dit un état qui prédispose le sujet à accepter la suggestion. Cette notion est plus ou moins perçue, à tort, comme une faiblesse ou une vulnérabilité, en tout cas de la passivité.

• La notion de *concentration de l'attention* qui peut être assimilée à une attitude active encouragée par le thérapeute.

Le plus souvent, ces notions sont opposées ; en fait, elles ne sont pas contradictoires, mais se développent de manière simultanée en une interaction régulatrice. Nous l'avons déjà dit, le sujet conserve ses valeurs et il ne sera pas possible de lui faire commettre des actes contraires à sa morale. Le minimum requis pour le sujet est d'accepter, comme thérapeute, la personne qui lui parle. Ce préalable posé, la relation thérapeutique hypnotique s'établit progressivement, le sujet appréciant à sa manière ce qu'il entend.

Souvent, lors de la première séance, le patient se voit proposer de retrouver une scène agréable de sa vie par exemple un moment de vacances ou de détente passé. Les suggestions focalisant la concentration de l'attention sur ce souvenir personnel favorisent la suggestibilité qui elle-même facilite l'écoute des mots qui l'amplifient en un mouvement d'interaction réciproque. Le patient a bien une place active, sa suggestibilité n'est qu'une manière d'observer ce qui lui parvient. La suggestion et la suggestibilité sont des notions assez proches ; la première tente de rencontrer la seconde qui elle-même augmente au fur et à mesure qu'elle est cultivée. Le patient n'est obligé à rien, il dispose parmi ce qui lui est présenté sous une forme descriptive.

La suggestion verbale est créative. La naissance de ce monde de perceptions et de sensations lui est attribuée ! « Au commencement était le verbe », dit la Genèse. L'art de la parole n'est plus une discipline enseignée, en tout cas au cours des études secondaires, et en particulier son expression la plus aboutie, la plus élaborée, la rhétorique. Art de la parole qui devra être sous-tendu par des intentions thérapeutiques.

L'autosuggestion

La question de l'autosuggestion est l'un des thèmes majeurs en thérapie hypnotique. Cette notion est retrouvée chez Bernheim en 1891, dans son ouvrage *Hypnotisme, suggestion, psychothérapie* : il y décrit l'autosuggestion comme à l'origine de nombreuses maladies.

L'autosuggestion négative

L'autosuggestion agit comme une suggestion discrète voire invisible, insipide et surtout insidieuse. Elle est souvent employée à dose considérable, avec une allure banalement commune : la lamentation. Oh, bien sûr, elle peut prendre des formes assez frustes répétées sans modération : « J'en sortirai *jamais* ! J'ai *toujours* mal ! *Rien* n'y fait ! Il n'y a *rien* à faire ! *Personne* ne m'aime ! *Tout le monde* me regarde ! etc. » Le caractère définitif et absolu de ce type de suggestion nous en fait savourer la nuance dynamique ! Et pourtant, quand on écoute le patient et qu'on lui fait remarquer à quel point il nous a convaincu que rien ne changera, que sa douleur restera à jamais, que seule l'impuissance est raisonnable, nous avons des chances de suggérer une interrogation, au mieux un doute de sa part, au pire de la stupéfaction. Confusion…

Présenter l'autosuggestion négative comme un langage « inconscient » au sens « involontaire » du terme orientera le patient à plus d'attention envers ses propres paroles. Ces mêmes paroles seraient insupportables si elles étaient prononcées par un tiers ayant position d'autorité. C'est parce qu'il est difficile de s'écouter que la présence d'une oreille hypnotique sera utile pour reconnaître ces séquences d'autosuggestion négative. Tout l'intérêt de l'hypnose est là. L'écoute hypnotique est le point de départ du travail thérapeutique. Faire fondre le premier flocon de neige, avant qu'il ne devienne une boule, un déferlement avalancheux.

➤ *Bonjour, monsieur Coué*

La notion d'autosuggestion est associée au nom d'Émile Coué, et c'est souvent avec une dédaigneuse dérision qu'est considérée sa méthode. Émile Coué était pharmacien ; l'exercice de cette profession développa chez lui le sens du contact et la pratique de la suggestion. Sa bienveillance le portait à donner les conseils appropriés à la prescription pour en améliorer l'efficacité. Ces conseils, qui avaient vertu d'encouragement à la guérison, s'avéraient de véritables suggestions de soulagement, compte tenu de la qualité thérapeutique des remèdes de l'époque. Un langage simple et direct associé à des pilules, qui souvent en étaient le simple support, ne tarda pas à attirer une bonne renommée à sa pharmacie.

La réputation de guérisseur de Liébeault poussa Coué à le rencontrer en 1885. Liébeault lui enseigna l'hypnose. Fort de ces nouvelles connaissances, Coué les utilise dans son officine pour amplifier l'effet des médicaments qu'il délivre. Mais, progressivement, Coué va s'éloigner de l'hypnose, préférant une méthode d'autosuggestion qui, selon lui, rend le patient plus autonome. Sa théorie prend pour fondement la prévalence de l'imagination sur la volonté en une loi dite de l'« effort converti » : « Chaque fois qu'il y a conflit entre l'imagination et la volonté, c'est toujours l'imagination qui l'emporte et, dans ce cas, non seulement nous ne faisons pas ce que nous voulons, mais nous faisons précisément le contraire de ce que nous voulons et plus nous faisons d'efforts volontaires, plus nous faisons le contraire de ce que nous voulons. » Il estime que *l'imagination agit sur le subconscient et que la suggestion est le moyen le plus adéquat pour le diriger*. Coué est le continuateur de Bernheim qui affirmait : « L'hypnose c'est la suggestion ! » La différence, c'est que Coué enseigne à ses patients à se suggestionner par eux-mêmes. Cette méthode n'est pas à ses yeux concurrente de la médecine, mais complémentaire. Sa simplicité s'exprime en ces termes : « Tous les jours à tous points de vue, je vais de mieux en mieux. » Formule qui prendrait toute son efficacité, selon Coué, lorsqu'on s'installe confortablement dans un fauteuil pour la réciter à mi-voix, les yeux fermés, une vingtaine de fois matin et soir.

Coué avait voué son existence au soulagement de ses semblables et parcourait le monde pour dispenser ce simple message : la foi en la capacité de l'inconscient à agir, guidée par l'autosuggestion et l'attention soutenue. Sa brochure la plus célèbre qui s'intitulait *La Maîtrise de soi-même,* traduite en de multiples langues, popularisera son auteur dans le monde entier. Cependant, Coué ne perçut pas que sa méthode pouvait être détournée vers d'autres buts en utilisant son principe fondamental, la répétition. La sobriété de la méthode d'Émile Coué peut faire sourire, mais c'est celle qu'utilisent certaines sectes pour conditionner leurs adeptes ou plus ordinairement des parents en mal d'identité qui assènent des jugements négatifs et répétés à leurs propres enfants. C'est une perversion de la méthode de Coué qui insistait sur l'autosuggestion par la répétition et non une suggestion imposée par une personne extérieure. Ces enfants arrivés à l'âge adulte, persuadés de leur indignité, de leur incompétence crasse et autres défauts, sont prédisposés à toutes sortes de troubles de l'estime de soi.

L'attention et le respect accordés à la parole sont des forces essentielles de notre vie et Coué a incarné tout au long de son existence ces principes fondamentaux. Actuellement, la force de la parole est évaluée partiellement dans les études d'efficacité d'un médicament en double aveugle, qui mesurent l'effet pharmacologique par rapport à l'effet placebo. Le médecin prescripteur ignore la nature chimique véritable du comprimé qu'il ordonne. Ces travaux pharmacologiques permettent d'affirmer que dans une certaine mesure la présence de la parole soignante est curative. Ces études sont aussi les héritières des travaux de monsieur Coué. Émile Coué n'a pas fondé d'école de psychothérapie, mais le soutien et la collaboration de Charles Baudouin et la filiation intellectuelle de Robert Desoille, créateur du « rêve éveillé dirigé » ont autorisé certains à nommer cette association « deuxième école de Nancy ».

➤ *Hypnose et placebo*

> « La crédulité se forge plus de miracles que l'imposture ne peut en inventer. »
>
> Joseph JOUBERT

Placebo, mot latin qui signifie « je plairai », est le nom attribué à une substance et, par extension, à un traitement pouvant améliorer des symptômes chez certains malades, mais sans activité thérapeutique reconnue scientifiquement autre que psychologique[1]. Cela peut paraître paradoxal, mais l'étude comparée de différents traitements placebo est encore à venir ! Le placebo est de nature différente de l'hypnose. Il s'apparente à de la suggestion pure et fruste. Étrange prescription qui sera donnée à dose minimale comme si des effets secondaires étaient à craindre.

L'étude de l'intrication hypnose-effet placebo a montré qu'avec l'hypnose les deux niveaux de *perception* et de *tolérance à la douleur* augmentaient, c'est-à-dire que le patient souffre moins, alors que seul le niveau de perception de la douleur augmente avec un placebo [2].

L'hypnose est un traitement dont on peut dire qu'il augmente l'effet placebo. Lors d'une conférence pour l'association des malades du vitiligo (maladie dont le signe principal est une dépigmentation de la peau), deux confrères présentaient l'éventail thérapeutique à la disposition des patients, du traitement traditionnel local jusqu'aux dernières possibilités des lampes à UV A et UV B. Ces traitements étaient évalués entre eux et en comparaison avec un groupe placebo

1. Définition du *Petit Larousse*.
2. Mac Glashan.

— c'est-à-dire, un groupe de personnes qui ne recevaient pas réellement de traitement efficace, ni chimique ni physique. La démonstration était éloquente : l'association de ces traitements donnait de réelles améliorations. Cependant, les groupes placebo avaient tous un pourcentage net de succès, inférieur certes à ceux des groupes traités, mais supérieur à ce que l'on observe spontanément dans un groupe de patients qui ne consultent pas. Le groupe placebo qui ne recevait pas de produit, ni de rayons efficaces, avait reçu une suggestion importante de la part de ces médecins : nous vous proposons un traitement pour vous soigner, autrement dit, la seule parole qui annonce le traitement est en elle-même thérapeutique. Une parole importante est dite, celle qui signifie que l'on s'occupe du patient, qu'il est soigné.

Nous pouvons, ainsi, nous sentir autorisés, en restant prudents dans les indications, à renforcer par des techniques spécifiques de communication cette prescription placebo et à en attendre un progrès. Il va sans dire que cette approche ne gênera pas un traitement réputé efficace, au contraire. Entreprise difficile qui ne rebute pas les patients les plus sceptiques : ils se plongent avec crainte dans la lecture des notices informatives des médicaments et comparent par avance les effets secondaires. Les patients les plus doués ressentent parfois des effets secondaires avant la prise du premier comprimé ! La parole et l'attitude du médecin sont essentielles pour activer les capacités personnelles du patient à s'auto-guérir ou s'autosoulager.

Ce message est peut-être enthousiaste, mais la suggestion n'est pas l'apanage de ceux qui pratiquent l'hypnose. La suggestion est dans toute parole. Montaigne connaissait cette évidence quand il affirmait que « la parole est moitié pour celui qui écoute et moitié pour celui qui parle ».

L'hypnose n'est pas

Un rituel
Les protocoles anciens ou expérimentaux trouvent rapidement leurs limites par le faible pourcentage de personnes qui y sont sensibles. Cette rigidité n'a aucun intérêt en pratique clinique.

Un traitement en lui-même
En tant qu'état, l'hypnose n'a pas de vertus thérapeutiques. C'est sa mise en mouvement comme processus, comme technique, qui aura d'éventuelles conséquences bénéfiques.

Un pouvoir
Pour les raisons développées précédemment, il est évident qu'il n'existe pas de pouvoir. Ce prétendu pouvoir est une invention. La croyance, selon laquelle l'hypnose contraindrait un sujet à exécuter n'importe quelle suggestion, est fausse. De nombreuses expériences ont démontré que le sujet gardait son intégrité morale et ne se soumettait à rien qui soit contraire à ses valeurs.

Un état passif d'hypersuggestibilité
La coopération est nécessaire et excusez-moi d'insister sur le rôle de défricheur de l'abbé de Faria, mais il mentionne déjà ce fait en 1819 ! Le patient réagit, répond et ce sur plusieurs plans simultanément et, réponse ultime, il s'autonomise par la pratique autohypnotique. Les notions de suggestibilité et leur graduation n'ont pas d'intérêt thérapeutique, mais expérimental. En pratique, il n'est pas question de faire passer des tests d'hypnotisabilité aux patients pour les sélectionner. Cela n'a pas de sens dans la perspective interrelationnelle dans laquelle nous sommes.

Un don
L'hypnose n'est pas un don. Il s'agit davantage du développement de dispositions physiologiques ordinaires. Leur emploi peut varier d'une personne à une autre, que l'on soit dans la position de patient ou de thérapeute.

Une dépersonnalisation
Les exemples cliniques seront nombreux pour infirmer cette opinion. Elle peut faire, hors de propos, référence aux rites vaudous par exemple où le terme de transe est utilisé. Ce vocable est communément employé dans le monde anglo-saxon en relation avec la racine latine *trans* qui indique un mouvement. C'est cette dernière acceptation qui sera utilisée dans cet ouvrage.

Une panacée
Nous pouvons attribuer bien des résultats positifs à l'hypnose, mais de là à lui donner la valeur de panacée, c'est la limite que les charlatans franchissent.

Une complaisance sociale
Certains voient en ces phénomènes une complaisante conformité sociale. Nous pouvons nous interroger sur l'efficacité de la complaisance sociale dans le cas d'une opération chirurgicale.

Un sérum de vérité
La quête de la vérité ne peut pas se faire grâce à l'hypnose. Tout souvenir retrouvé avec l'hypnose sera considéré au mieux comme une métaphore s'il ne peut être vérifié et attesté par des témoignages et preuves extérieurs. La valeur de l'hypnose du point de vue légal est nulle.

Une thérapie superficielle
D'aucuns prétendent que nous abordons superficiellement les problèmes, que nous n'intervenons que sur la partie émergée de l'iceberg. Ils ont raison, en partie, ils oublient qu'en travaillant là où cela est accessible, en diminuant cette fameuse partie émergée, nous faisons remonter la partie immergée !

L'histoire des dix-sept chameaux

Après ces descriptions de ce qu'est ou n'est pas l'hypnose, je voudrais vous proposer une histoire qui oscille, en Orient, entre chameaux ou éléphants selon les versions qui proviennent de la mer Rouge ou de l'Inde. Histoire que chacun lira et entendra à sa façon.

Il y a bien longtemps, si longtemps que le temps n'existait pas encore, dans un pays situé au-delà du jardin, au-delà de la rue, au-delà de la place, par-delà le village et la ville, après les collines et les montagnes, situé bien après les forêts, les lacs et les grands fleuves se jetant dans des océans inconnus bordés de continents peuplés d'animaux aux formes étranges.

Dans ce pays oublié vivait un peuple. Et ce peuple goûtait à une certaine insouciance au cœur de son oasis. La fraîcheur des sources qui y naissaient donnait vie aux plus beaux palmiers qui eux-mêmes portaient les dattes les plus sucrées et les plus savoureuses qui soient. Cependant, un jour, un jour comme un autre en apparence, survint une nouvelle qui stupéfia la tribu. Malla, le grand chef, venait de mourir. Dans ce pays, la vie était longue et lente, et le rituel des obsèques était prévu par la tradition et ainsi fut fait. Malla avait laissé un testament. « Mes fils, lorsque vous lirez ce testament, je vous aurai quittés en vous laissant mon bien le plus précieux, mes dix-sept chameaux. Vous ne les vendrez pas et vous devrez vous en occuper avec soin. Le partage devra se faire selon les règles transmises depuis des générations et je vous demande de les respecter sous peine de faute mortelle. Le troupeau de dix-sept chameaux sera réparti de la manière suivante : l'aîné recevra la moitié du troupeau, le second un tiers et le plus jeune un neuvième. » Lorsque les hommages funèbres eurent été rendus à la mémoire du grand chef défunt, les notables se réunirent afin de partager le patrimoine laissé en héritage.

Alors les palabres commencèrent et durèrent des nuits et des jours, et les lunes succédèrent aux lunes sans trouver de solution satisfaisante. Le trouble s'installa dans la communauté. Comment trouver une issue qui respecte le fond et la forme de la tradition ? Comment rester loyal ? Les avis divergeaient, la tension montait au sein de cette tribu auparavant pacifique. Des clans commençaient à se former, mais ces gens étaient peu enclins à la violence et dans un moment de répit l'un d'entre eux se souvint de l'existence d'un sage mythique, Mokthar le Nomade. Étrangement, le simple fait de l'avoir évoqué remplit de calme la tente caïdale dressée au bord de la palmeraie. Plus étrange encore, au même moment, la tente s'ouvrit et un homme silencieux entra et chacun reconnut bien qu'aucun ne l'ait jamais rencontré, Mokhtar le Nomade.

Il fut accueilli avec respect et empressement, sa présence inattendue redonnait espoir à la tribu. L'hospitalité naturellement offerte au voyageur fit de lui un hôte à l'écoute du tourment des trois frères. Ils lui exposèrent la difficulté d'obéir à la tradition, à leur père, et d'établir un futur où nul ne se sente lésé. Il écouta en silence et leur répondit : « Le chemin droit n'est pas toujours celui qui mène le plus vite au but. Demain sera un nouveau jour et la volonté de votre père sera respectée. »

Sur ces paroles mystérieuses, la nuit fut moins sombre. Au matin du lendemain, après avoir réuni les frères, la tribu et les dix-sept chameaux, il alla chercher le sien et l'attacha à la corde qui reliait le troupeau et leur dit simplement : « Procédez au partage comme il se doit ! » « Mais, lui objecta l'aîné, nous devons partager dix-sept chameaux et non dix-huit. Votre générosité vous honore, mais nous redoutons de ne pas respecter la loi. » « Rassurez-vous, faites ce que je vous dis et la loi sera respectée. »

Et ainsi fut fait. L'aîné reçut neuf chameaux, le suivant six et le dernier les deux qui lui revenaient. Mokhtar ajouta : « *Maintenant, comptez les chameaux !* » et ils virent qu'à eux trois, ils avaient bien dix-sept chameaux. Restait un dix-huitième chameau. Mokhtar reprit son chameau et continua sa route au-delà de l'horizon, couvert de bénédictions.

Redouter l'illusion qui aveugle.

Il existe plusieurs lectures de ce conte qui voyage, lui-même, au cœur du temps et de l'espace.

Il existe aussi une suite à cette histoire. Quelques pages plus loin.

CHAPITRE 4

Soigner avec l'hypnose

« Deux excès : exclure la raison, n'admettre que la raison. »

Blaise PASCAL

« L'exercice de l'imagination est le premier pas qui fait sortir de la prison. »

Colin WILSON

Certains croient, craignent ou prophétisent qu'un symptôme qui disparaît ne réapparaisse ailleurs. Ils se trompent, même s'ils ont effectivement observé cette réapparition. Ce n'est pas une loi générale qui s'applique, mais la réalisation de leur attente conceptuelle. Ils observent l'expérience qu'ils créent. Nous sommes partie prenante de l'expérience thérapeutique et forts de cette observation, nous utilisons notre présence.

> Ce qui change, ce n'est pas le symptôme, c'est l'attitude vis-à-vis du symptôme. Il prend une autre place : il ne se désintègre pas, il s'intègre.

Cette conception est transmise au patient par le thérapeute, c'est un enseignement personnalisé, non une loi objective. Ce changement est plus important qu'il n'y paraît, car il est transposable à un niveau existentiel et les changements s'étendent souvent à des domaines insoupçonnés. La focalisation symptomatique autour de la confiance, de l'estime de soi, n'est souvent rien d'autre qu'une sorte d'orgueil paradoxal qui porte le patient à se mal juger au nom de critères moraux qu'il prétend ne pas posséder ! La confiance en soi est très souvent une attention obsessionnelle nombriliste où le patient s'examine s'examiner.

Le piétinement mental du patient sera interrompu grâce à l'hypnose par une technique de « croc-en-jambe » qui le fera « trébucher ». En termes plus clairs, il s'agit de le « bousculer » pour qu'il se réapproprie ses capacités de mouvement. Il suffit qu'il regarde ailleurs, plus loin que le bout de ses chaussures ; les pas suivront le regard. La récupération de ses facultés restaure la responsabilité et l'implication du patient vis-à-vis de lui-même pour assumer des choix.

La disparition de cette attention pathologique est le traitement d'un grand nombre de phobies et d'obsessions. L'humour est l'une des techniques du « croc-en-jambe ». Dans son livre *La Psychothérapie et son image du monde*, Victor Frankel, surtout connu en France pour son témoignage de psychiatre déporté par les nazis, cite Bernanos : « Il est plus facile que l'on ne pense de se haïr ; la grâce consiste à s'oublier », mettant en valeur l'intérêt de disperser l'attention.

L'hypnose, vue comme un espace privilégié, peut être comparée à un voyage spatial autour de la Terre. L'état d'apesanteur des astronautes autorise des expériences difficiles ou impossibles sur le plancher des vaches et, détail intéressant, les résultats de ces expériences restent stables de retour sur la Terre. Il en est de même avec l'hypnose qui s'apparente à cette mise en état d'« apesanteur » ou de changement de gravité qui permet de réexaminer la symptomatologie et de conserver durablement l'amélioration obtenue.

Les exemples cliniques qui suivent sont des condensés de consultations ou de traitement ; ils correspondent à des moments de la vie de ces patients et à leur évolution au cours de ces épisodes. Pour des raisons de confidentialité, les identités et certains détails biographiques ont été transposés.

Douleur et hypnose

La douleur a suscité une grande imagination de la part de tous ceux qui ont cherché à en faire une arme. En revanche, elle a laissé les médecins trop souvent impuissants à la traiter.

Quelques définitions

Analgésie : disparition de la sensation douloureuse.
Anesthésie : disparition complète de la sensibilité (toutes les sensations ont disparu douleur comprise).

➤ *L'hypnose et la douleur, petit historique*

Dès l'origine, les magnétiseurs se sont aperçus que les patients placés dans ce qu'ils appelaient le « sommeil magnétique » étaient si absorbés en eux-mêmes qu'ils étaient comme coupés du monde environnant. Au point de ne ressentir ni les piqûres ni les pincements, et de ne percevoir ni les coups de fusil tirés à proximité ni les effluves toxiques de l'ammoniaque. Ils mirent cet état d'insensibilité à profit au cours d'opérations chirurgicales.

Anesthésie par le magnétisme animal et l'hypnose Repères chronologiques des origines à 1900		
Nom	**Date**	**Travaux**
Pétetin	1787	Découverte de la catalepsie[1] et de l'insensibilité due au magnétisme animal
Dupotet	1820	Expérimentation d'anesthésie aux piqûres, brûlures et vapeurs d'ammoniac à l'Hôtel-Dieu à Paris
Cloquet	1829	Opère Mme Plantain d'un cancer du sein sans manifestation de douleur au cours des 12 minutes de l'opération.
Oudet	1836	Oudet, membre de l'académie de médecine, pratique l'extraction d'une dent, assisté d'un magnétiseur M. Hamard
Elliotson	1842	Fondation d'un hôpital pour le développement du magnétisme animal en chirurgie
Ward	1842	Aidé de Topham, magnétiseur, réalise une amputation de cuisse. Grande-Bretagne
Braid	1843	300 pieds-bots. Grande-Bretagne
Fenton	1845	Amputation de la jambe. Grande-Bretagne
Loysel	1845	Première amputation de jambe en France
Esdaille	1846	Publication officielle de l'activité du Mesmeric Hospital de Calcutta : 261 opérations majeures avec moins de 6 % de mortalité. Le taux habituel de l'époque oscillait entre 30 % et 50 % !
Azam , Broca, Follin	1859	Opération d'un abcès très douloureux chez une femme à l'hôpital Necker. Le lendemain, Velpeau rapportait ces faits devant l'Académie des sciences, soit le 5 décembre 1859
Liébeault	1866	Accouchement

1. Conservation d'une attitude. Par exemple, le bras peut rester figé dans sa position sans fatigue ni sensation particulière.

Tillaux	1890	Cystocèle vaginal
Toll et Wood	1890	Amputation d'un bras
Fanton, Kingsbury, Van Renterghem, Voisin, Joire	De 1891 jusqu'à 1900	Les principales indications sont des accouchements

➤ *La place de l'hypnose dans les centres antidouleur en France*

Le Dr Sandrine Auclair a mené récemment (15 décembre 2000) une étude dans le cadre de sa thèse de médecine. Ce travail s'est intéressé à l'utilisation de l'hypnothérapie dans les 82 centres d'évaluation et de traitement de la douleur français ; 79 centres ont participé à l'enquête, soit un taux de réponse de 96,7 %. Les conclusions montrent que 35 % des centres antidouleur pratiquent l'hypnose comme alternative thérapeutique. Il s'agit à 85 % de l'hypnose ericksonienne pratiquée par un personnel composé à 67 % de médecins, 30 % de psychologues et 3 % d'infirmières anesthésistes.

Ces résultats sont encourageants et indiquent la progression, dans ces lieux de souffrance, de la pratique de l'hypnose pour des patients lourdement affectés. Développement d'autant plus important si on considère que, parmi les centres qui ne proposent pas l'hypnose, 74 % d'entre eux invoquent comme explication le manque de personnel formé !

Type d'hypnose pratiqué

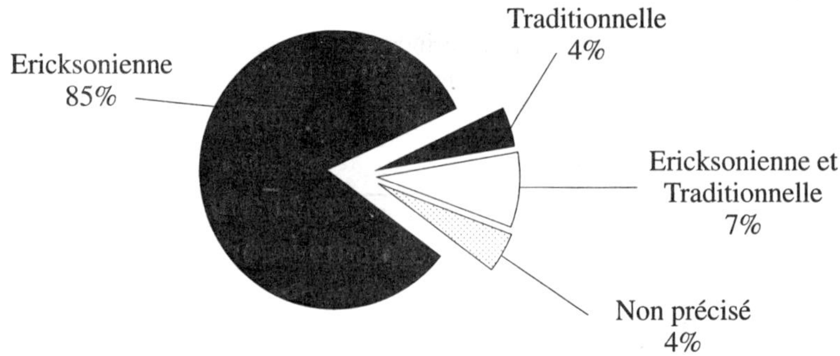

Quel type d'hypnose est pratiqué ?
85 % pratiquent l'hypnose ericksonienne.
4 % (1 seul centre) pratique l'hypnose traditionnelle.
7 % (2 centres) pratiquent les deux types d'hypnose.
4 % ne donnent pas d'indication.

Ving-huit centres parmi les 79 proposent l'hypnose soit *35 % des centres antidouleur pratiquent l'hypnose* comme alternative thérapeutique.

Centres pratiquant l'hypnose (n = 79)

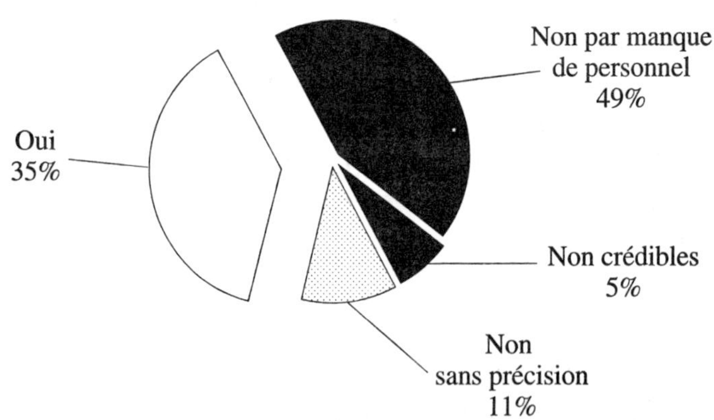

Parmi les centres qui ne pratiquent pas l'hypnose :
8 % ne reconnaissent pas l'hypnose comme une pratique crédible.
74 % ne le font pas par manque de personnel formé.
18 % ne donnent pas de raison.

L'hypnose pratiquée par qui ?

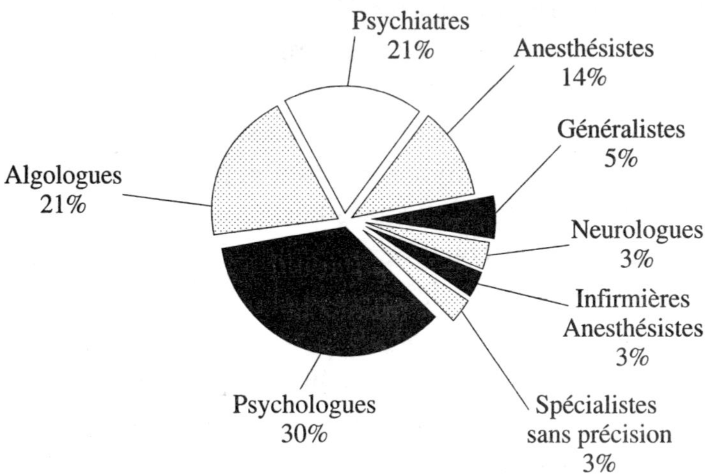

Qui est l'hypnothérapeute ?

3 % sont des infirmières anesthésistes
5 % des médecins généralistes
30 % des psychologues
62 % des médecins spécialistes dont :
— 21 % des algologues (spécialistes de la douleur)
— 21 % des psychiatres
— 14 % des anesthésistes
— 3 % des neurologues
— 3 % des spécialistes à la spécificité non précisée

➤ *L'exemple belge*

Actuellement, des études concernant la réalité de l'état hypnotique sont menées par une équipe belge dirigée par le Dr Marie-Élisabeth Faymonville. Le Dr Marie-Élisabeth Faymonville, anesthésiste au CHU de Liège, possède une grande expérience de l'hypnose appliquée à la chirurgie. Depuis 1992, plus de 3 000 patients ont bénéficié de l'association de l'hypnose et d'une sédation consciente réalisée avec de très faibles quantités de médicaments anxiolytiques et analgésiques. Le site opératoire est infiltré avec des anesthésiques locaux. Cette association, appelée « hypnosédation », présente de nombreux avantages. Cette technique anesthésique permet au patient de rester conscient en cours de chirurgie, mais distrait. Le rapprochement nécessaire du patient et de l'anesthésiste qui aura à travailler de cette manière amène une collaboration accrue entre l'anesthésiste et le chirurgien et l'ensemble du personnel présent dans le bloc opératoire. Ce type de travail place le patient au centre de cette nouvelle relation où l'ambiance est calme, les gestes chirurgicaux doux et précis permettant à l'anesthésiste de suivre au plus près le déroulement de l'opération et même d'anticiper les besoins du patient.

Une telle mise en œuvre ne s'improvise pas.

➤ *L'analgésie hypnotique, une alternative à l'anesthésie générale*

Dans les semaines qui précèdent la date de l'opération, une consultation préanesthésique est prévue. Au cours de laquelle il est indispensable d'établir une relation de confiance et de préciser les limites et les buts de l'hypnose ; ce préalable est essentiel pour déterminer une coopération dans laquelle les réponses aux suggestions seront optimales. Dans ce cadre, l'utilisation de l'hypnose, limitée dans le temps et définie dans ses intentions, sera d'évidence orientée vers le bien-être du patient. Son attention concentrée sur le revécu de souvenirs agréables « éloigne » le patient de la salle d'opération lui permettant ainsi de se « dissocier » de son corps qui est opéré sans douleurs. Les patients bénéficiant de cette technique sont des personnes souhaitant diminuer le risque anesthésique et participer à leur propre chirurgie. Depuis 1994, l'équipe d'anesthésie-réanimation du CHU de Liège a étendu cette expérience à la chirurgie des glandes parathyroïdes, de la thyroïde et à l'ablation des tumeurs mammaires, opérations qui étaient toutes jusqu'alors redevables de l'anesthésie générale.

La technique employée associe l'hypnose à une légère sédation conservant la conscience du patient qui continue de communiquer avec l'équipe et en particulier avec l'anesthésiste qui l'accompagnera tout le temps de l'opération.

La combinaison de ces moyens est assurée par l'anesthésiste ce qui implique de sa part une très bonne qualité de présence, gage d'une relation de confiance avec le patient et avec l'équipe opératoire. À partir de ces principes, la manière de procéder sera adaptée à chaque patient en fonction de sa personnalité et de son comportement.

Quelles sont les contre-indications ?

Sont considérées comme contre-indications à l'hypnosédation :

- la surdité ;
- de lourdes affections psychiatriques ;
- et des allergies aux anesthésiques locaux.

Par ailleurs, le consentement volontaire est requis après la consultation préopératoire.

Quels types d'opérations peuvent se faire avec l'hypnose ?

Ainsi, les conditions les plus favorables sont mises en place pour le jour de l'opération dont la liste suivante précise les principales indications :

• *Indications mineures :*

- cicatrices,
- extractions dentaires,
- lifting du visage et des paupières,
- pansements de brûlés,
- liposuccion,
- ablation de ganglions mammaires.

• *Indications majeures :*

- ablation partielle ou totale de la thyroïde,
- chirurgie mammaire, lifting de la tête et du cou,
- chirurgie reconstructive de la tête et du cou après un cancer,
- ligatures tubaires,
- hernies.

Un bénéfice étendu

L'équipe liégeoise qui a pratiqué cette technique sur une série de 3 000 patients n'a utilisé l'anesthésie générale que dans moins de dix-huit cas ; en fait, plus souvent pour des raisons chirurgicales (chirurgie plus lourde que prévue) et rarement pour inconfort chirurgical, mais douleur de position sur la table d'opération ou au niveau du site opératoire, jamais pour un problème vital. Il est également à noter l'absence de décès et de complications postopératoires dans cette série.

Au total, cette technique est appréciée par les patients pour le confort général qu'elle procure tant du point de vue psychologique que physique. Leur hospitalisation est plus courte et leur convalescence plus rapide, permettant une diminution du coût global de l'intervention. Ces résultats éloquents ont encouragé non seulement la pratique de l'hypnose par les anesthésistes, mais aussi une nouvelle collaboration étendue à l'ensemble de l'équipe soignante[1].

➤ *Le traitement de la douleur en médecine*

Symptôme fréquent d'une affection sous-jacente ou bien véritable maladie par elle-même, la douleur est la plainte la plus communément retrouvée en consultation.

À quoi sert la douleur ?

À DONNER L'ALERTE

L'apparition d'une douleur peut servir d'alerte et nous avertir d'un danger. Dans ce cas, nous devons respecter sa présence en tenant compte de ce qu'elle annonce. Son traitement sera secondaire à la cause qui l'a provoquée. Une douleur persistante sera inutile comme le serait la sirène qui continuerait de hurler après que l'incendie a été éteint.

À DONNER DU SENS

Il peut s'agir là de la valeur que le patient accorde à sa douleur. L'interprétation personnelle du patient vis-à-vis de sa souffrance est à respecter au plus haut point, à la fois pour des raisons éthiques et pour des raisons pratiques. La connaissance du cadre de références morales et de vie du

1. Y.-G. Heynen, *Pourquoi est-il nécessaire de connaître Erickson...*, Vaison-la-Romaine, Éd. de l'Arbousier, 1998 ; M.-É. Faymonville, *L'Hypnose en milieu hospitalier*, Vaison-la-Romaine, Éd. de l'Arbousier, 2001.

patient permettra de trouver des recadrages respectant son « écologie » morale et ses croyances.

La douleur a-t-elle une valeur expiatoire ? Se sent-il coupable pour lui-même ou par loyauté avec une éthique personnelle ? Est-il la victime ou l'agresseur ? Ces aspects sont souvent abordés dans un deuxième temps, lorsque la relation de confiance sera mieux établie. De tels patients ont souvent consulté auparavant, et l'inventaire des tentatives qui ont échoué contribuera à proposer de nouvelles solutions.

Sans vouloir prétendre aborder de façon exhaustive la question, je présenterai une attitude thérapeutique générale.

Traiter la douleur, ou diviser pour mieux régner

En matière de lutte, qu'elle soit belliqueuse ou pacifique, il est un principe utile et bien connu : diviser pour mieux régner.

L'hypnose, dans sa pratique clinique, a une approche modeste et beaucoup moins spectaculaire que les émissions de télévision prétendent le démontrer. Les moyens employés sont souvent simples dans leurs principes, mais demandent un apprentissage pour leur mise en œuvre. Ainsi, si nous nous comparons à quelque bûcheron ou tailleur de pierre antique, nous commencerons par observer le tronc ou la roche pour déterminer à quels endroits favorables placer un coin. La patience des coups répétés sur ces points privilégiés séparera le tronc ou le monolithe en deux parties plus maniables pour une nouvelle division.

Il est entendu par avance que le traitement d'une cause reconnue de la douleur est un préalable à l'hypnose dont l'utilisation est complémentaire d'autres techniques et ne doit pas être considérée, par principe, comme exclusive. Ces précautions prises, notre activité va s'attacher à comprendre, saisir, écouter, sentir, accueillir la plainte de notre patient avec toutes ses composantes physiques, émotionnelles et psychologiques permettant de décrire la douleur avec ses caractéristiques.

LES PARAMÈTRES DESCRIPTIFS DE LA DOULEUR

• L'intensité.
• La nature temporelle de la douleur : est-elle permanente ou intermittente ? Nombre de crises ? Durée de la crise ?
• Les circonstances d'apparition et/ou d'aggravation.
• La localisation de la douleur.
• Les caractères objectifs de la douleur.
• Les caractères subjectifs de la douleur : les représentations personnelles de la douleur (en étau, en casque, décharges électriques, battements, etc.).
• Le retentissement de la douleur.
• Les moyens de soulagement personnel.

➤ *Les techniques hypnotiques de traitement de la douleur*

Les principaux procédés thérapeutiques sont les suivants, associés entre eux en fonction des circonstances :

• Diminution directe de la douleur de façon totale ou partielle.
• Distorsion subjective du temps.
• Modifications sensorielles et amplification des moyens du patient.
• Déplacement de la douleur.
• Dissociation.
• Métaphores.
• Prescription du symptôme.
• Autohypnose.

La diminution directe de la douleur

Elle est basée sur une suggestion créant une « hallucination » plus ou moins complète d'analgésie ou d'anesthésie. Cette « hallucination négative sensorielle » est connue depuis les pionniers du magnétisme animal qui la décrivaient sous le nom d'« insensibilité ». C'est sous cette appellation qu'il faut rechercher dans la littérature ancienne des cas de cette nature.

La technique du gant

C'est une des plus simples, elle consiste à faire « halluciner », au niveau de la main, un gant solide et protecteur. La description de sa matière (cuir, fer, autres), de son poids, de sa texture, des mouvements qu'elle autorise contribuera à diminuer la douleur ressentie et à démontrer qu'il est possible de se servir de son imagination à des fins bénéfiques. Il est important d'insister sur la création de repères nouveaux qui appartiennent au patient. Il ignorait seulement qu'il les possédait déjà.

Cette analgésie « en gant » ou « en chaussette » est intéressante également sur le plan neurologique par son extension à plusieurs territoires nerveux. C'est là une circonstance particulièrement stimulante pour la recherche fondamentale qui jusque-là n'a pas apporté d'explication à ce phénomène. L'anesthésie totale est difficile à réaliser et nécessite plusieurs séances de préparation, à l'instar, d'ailleurs, de nos prédécesseurs du XIXe siècle.

La diminution progressive de l'intensité de la douleur est plus accessible. Un certain nombre d'analogies seront bienvenues pour agir sur la hauteur, le volume, la couleur, la température et toutes les autres représentations personnelles de la douleur. Pour des patients qui ont une bonne capacité à visualiser, la douleur sera représentée par une couleur dont les différentes nuances traduiront la variation d'intensité. De nombreuses variantes de cette suggestion existent comme celle des ampoules lumineuses à éclat variable. Il est classique de se servir d'une échelle analogique d'intensité de la douleur dans les centres spécialisés. Cette technique n'est pas spécifiquement hypnotique, mais s'y intègre par l'utilisation de gradations plus imagées que des nombres.

La distorsion subjective du temps

C'est probablement l'aspect le plus important à considérer dans le cas de douleurs anciennes et répétitives. Nos consultants sont ceux qui ne peuvent, pour l'instant, diminuer leur douleur. Le paramètre temporel est essentiel, car il infiltre, par sa présence persistante, la vie même de nos patients. Notre travail consiste, dans un premier temps, à évaluer ce facteur. Une douleur permanente intense aura souvent des conséquences psychologiques importantes si elle se prolonge. Les patients disent familièrement que « *la douleur leur tape sur le système !* »

MODALITÉS D'APPLICATION

Si leur douleur est permanente, il nous faudra *chercher l'exception.*

Un interrogatoire minutieux et attentif à de nombreux détails de la vie courante permettra de relever très souvent des accalmies, par exemple à l'occasion d'un match de football passionnant, d'un film captivant, le spectacle d'un comique ou bien d'une rencontre amicale, ou encore au cours du sommeil. Le patient voit ainsi se réduire le temps occupé par la douleur et peut légitimement en profiter. D'autant plus que cette diminution atteste de sa capacité à s'abstraire de sa douleur, ressource sur laquelle va porter ultérieurement notre attention pour la suite du traitement.

La recherche de l'exception est essentielle pour au moins deux raisons :

- La première, obtenir déjà un soulagement, un répit.
- La seconde, l'apparition de la *réversibilité de la symptomatologie*.

La réversibilité est un temps important dans l'évolution de la « maladie douleur », car elle indique qu'un changement est possible. L'espoir qui apparaît nous aide à traiter la composante dépressive de la douleur chronique. Le futur n'est plus la projection et la continuité du passé. Cette action crée un répit, une parenthèse dans la souffrance.

L'écoulement subjectif du temps

Cette technique est remarquable pour son double intérêt : diminuer la durée de la crise et augmenter la durée de la période intercritique. Pour parvenir à ce résultat, les suggestions s'appliqueront en appréciant le continuum de temps, selon une alternance de crises et de périodes quiescentes.

Fidèles au fameux principe « *diviser pour régner* », nous agirons sur les états de crise et de calme, mais aussi sur les moments de transition qui sont des temps privilégiés d'intervention. Ces moments de passage, trop souvent négligés, sont d'un accès relativement aisé en hypnose.

Changer le rythme

La douleur est intermittente et se manifeste par des crises. La question qui vient naturellement est : « À quel rythme les crises surviennent-elles ? Combien de fois par mois, par semaine, par jour ? »

Diminuer le rythme des crises n'a rien à voir avec leur intensité. La fréquence peut diminuer et l'intensité rester inchangée, voire augmentée. Mais restons-en à la composante rythmique.

Une des originalités de notre approche est la multiplicité des incidences thérapeutiques. Grâce à l'élargissement du champ temporel, nous ne limitons pas notre action aux crises mais aussi aux périodes qui les séparent. En pratique, l'attention du patient est attirée, au cours de la séance, sur la qualité du vécu intercritique. Par la réactivation du souvenir de ce moment de quiétude, nous aidons le patient à réexpérimenter ses propres sensations et, par des suggestions posthypnotiques, nous en prolongeons l'action au-delà de la séance. La répétition de ce type de séance permet au patient d'acquérir le savoir-faire nécessaire à l'autohypnose et de devenir indépendant du thérapeute.

Le début d'une crise est parfois corrélé à une circonstance prévisible, cet aspect sera développé plus loin. La fin d'une crise est rarement perçue, il est facile de dire que la douleur n'existe plus, mais plus difficile de dire *QUAND* cette douleur a commencé à diminuer. Ce changement qui a pourtant eu lieu est passé inaperçu. Cette distraction montre qu'il est parfois impossible de dire si c'est plutôt la distraction qui entraîne une diminution de la sensation douloureuse ou bien l'inverse, ou les deux ! Qu'importe ! Avoir mal seulement quand on a mal est suffisant pour apprécier les périodes de tranquillité.

Dans les douleurs chroniques, le passé se transforme en futur, laissant peu de place au présent. Une sorte d'état de « confusion temporelle » dans lequel le patient a du mal à se situer. Pour l'aider à distinguer ces différences, il est parfois intéressant de recourir à des techniques d'un maniement plus difficile qui consistent à souffrir uniquement de la douleur du jour. Ces techniques de prescription temporelle sont émotionnellement mobilisantes et ne seront employées que dans un nombre limité de cas par des praticiens entraînés.

La migraine comme modèle de l'approche hypnotique de la douleur

Pour développer l'éventail de l'approche hypnotique nous allons prendre comme modèle la migraine. Pourquoi ? Tout simplement parce qu'elle touche une grande partie de la population et qu'elle associe des caractères de douleur aiguë à ceux de la chronicité.

La ligne rythmique de la douleur nous conduit à envisager celle-ci sous un angle spatial. Un schéma indiquera les différentes incidences d'intervention qui s'appliquent dans cette démarche.

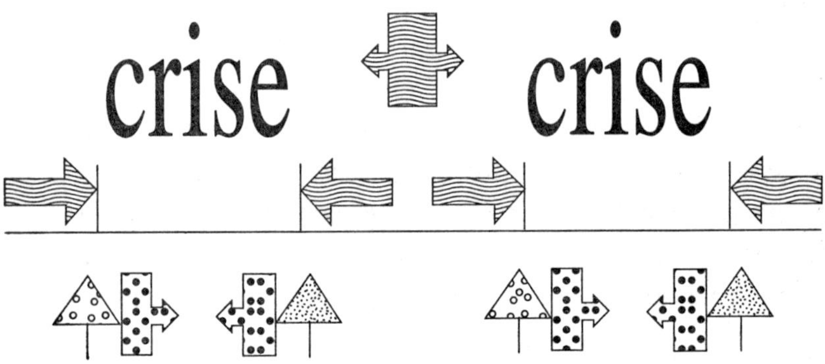

indique une intervention qui tend à AUGMENTER la durée du temps qui sépare deux crises. Nous agissons SUR la période intercritique.

se rapporte à une action qui tend à RÉDUIRE la durée de la crise.

montre une intervention qui porte sur le début de la crise.

précise une action sur la fin de la crise.

L'ensemble de ces moments d'action contribue à diminuer la composante temporelle de la douleur. Il est à noter un autre bénéfice possible, la prévention d'une nouvelle crise comme l'indique la flèche aux lignes ondulées. Souvent, les crises migraineuses sont précédées de signes annonciateurs. L'arrivée de ces prodromes est de mauvais augure, signal de nombreuses heures ou jours de douleur. La connaissance de l'autohypnose limitera ou annulera la crise lorsqu'elle sera mise en pratique dès l'apparition de l'aura annonciatrice.

Modifications sensorielles et amplification des moyens du patient

Ces techniques ont pour but de changer la façon dont le patient ressent la douleur. À un patient dont la migraine le fait souffrir *comme si* sa tête était serrée dans un étau, nous pourrons suggérer comme modification la transformation de l'étau en un bandeau. À tel autre dont la tête résonne comme une cloche, la proposition d'entendre des sons moins forts, assourdis, a des chances d'être acceptée. Cette approche sera étendue à d'autres sensations douloureuses, une brûlure changée en une sensation de chaleur, une douleur en coup de poignard, en picotements, etc. Le respect du registre sensoriel du patient est un gage de meilleure efficacité.

Les modifications sensorielles peuvent se combiner entre elles. Pour un patient qui sera soulagé par une sensation de fraîcheur, il sera possible de suggérer, à partir d'une mise en ambiance adéquate, l'obtention d'une catalepsie et d'une lévitation qui apportera une sensation de frais de la main au visage et à la tête. Ces formulations bien que simples et rustiques entraînent l'apparition d'une sensation et d'un mouvement.

Un exemple de l'utilisation des modifications sensorielles

Exemple tiré d'une séance, en italique des suggestions concernant la fraîcheur et la détente : « Ce sont les vacances au soleil dans le Midi, et il fait chaud. Au détour d'une ruelle, une terrasse *ombragée* apparaît sur une place. Ses fauteuils *accueillants* s'offrent à vous et vous vous y asseyez *confortablement*. Arrive alors un serveur, à l'accent chantant, qui s'enquiert de votre choix de boisson *fraîche*. Assis sous les platanes, votre respiration devient plus *calme*, plus *tranquille* en regardant les joueurs de pétanque qui font semblant de se fâcher. À quelques pas, peut-être une fontaine *désaltère* les oiseaux et aussi les chats qui font bon ménage au bord de cette *vasque de fraîcheur*. Une *agréable* sensation de *détente* apparaît peu à peu en cette fin d'après-midi estivale où le temps s'étire comme l'ombre du stylet sur la pierre du cadran solaire. C'est à ce moment-là que votre boisson *fraîche*, tant attendue, arrive dans un magnifique verre piqué d'une paille multicolore. Votre main, la droite ou la gauche, saisit ce verre et apprécie, avec un *plaisir* anticipé, la saveur *adoucie* par les *glaçons* qui tintent contre les bords. Prenez le temps de *savourer* cet instant. La *buée* sur la paroi du verre, toutes ces *gouttes* qui se forment au rythme de la danse des *glaçons* donnent cette *fraîcheur* au creux de la main, de la paume de la main. Il fait si chaud au soleil sur la place et si *frais*, là, dans la main. Une main qui, machinale, se lève et vient se poser sur le front pour y apporter un peu de cette *nouveauté si agréable.* »

Le déplacement de la douleur

Cette technique s'intéresse à la composante topographique de la douleur et visera soit à diminuer l'étendue du territoire de la douleur, soit à déplacer celle-ci vers un endroit moins pénible. Cette seconde solution est plus difficile à réaliser que la première.

Ces modifications ont plusieurs avantages. Ces sensations restent dans le registre sensoriel de la douleur et sont ainsi plus facilement acceptables. D'autre part, le côté relatif et partiel du changement permet au patient de demeurer attentif à l'évolution de sa maladie et de prendre le temps nécessaire pour s'adapter aux changements, notamment à la persistance d'éventuels « bénéfices » secondaires.

La dissociation

Cette technique est une extension des phénomènes décrits précédemment et s'articule autour de la notion d'attention/distraction. Le patient vivra, ainsi, une abstraction complète du lieu et du temps où se trouve concrètement son corps. Erickson, après avoir écouté longuement la litanie plaintive d'une patiente aux douleurs rebelles à tous les traitements, lui raconta à brûle-pourpoint une histoire effrayante dans laquelle elle allait être confrontée, maintenant, à un énorme et féroce tigre affamé. Le talent oratoire d'Erickson ayant produit son effet, il s'enquit de la douleur de la patiente. Celle-ci, encore sous la surprise, rit en s'apercevant que sa peur avait été si forte que sa douleur avait quasiment disparu. La brutale diminution de la douleur persista au-delà de la consultation et, lorsque les médecins perplexes lui demandaient de ses nouvelles, elle répondait : « Je vais très bien, grâce au tigre caché sous le lit. » Cette réponse n'a pas dissipé pour autant leur perplexité ni leur estime pour Erickson !

Une application opportune de cette technique se trouve être dans une indication chirurgicale. Un bloc opératoire n'est pas réputé pour sa convivialité ! Voilà une bonne raison pour s'en échapper et choisir un lieu de villégiature plus intéressant. La séance d'hypnose encouragera le patient à voyager loin et dans un autre temps faisant en sorte que la dissociation le protège des « stimuli » du chirurgien.

La métaphore

La prise en compte du contexte du patient, de ses valeurs, de ses conceptions nous donnera des occasions de donner un sens à la douleur. « Sens » sera compris comme sensation nouvelle, direction inhabituelle et/ou signification inédite.

➤ *L'autohypnose*

> « Si tu souhaites que je ne connaisse plus la faim, au lieu de me donner du poisson, apprends-moi à pêcher. »
>
> CONFUCIUS

Comme il a souvent été dit, l'hypnose est un apprentissage personnel. Au cours des séances au cabinet du thérapeute, le patient découvre et expérimente les techniques hypnotiques avec leurs effets. L'interrogatoire s'intéresse aux moyens personnels employés par le patient pour se soulager lui-même. Ces questions nous orientent vers la réactualisation hypnotique de celles-ci. Tel patient calmé par une sensation de fraîcheur nous conduit à élaborer des suggestions éveillant cette sensation.

Dès lors qu'il la ressent en séance, la suite du traitement consiste à lui apprendre à l'éprouver par lui-même. Les séances correspondent à un entraînement au cours duquel le patient apprend à s'absorber en lui-même et à s'éloigner de l'environnement. Pour cela, il pourra s'aider d'une cassette enregistrée pendant la séance. Selon les thérapeutes, le patient dispose d'une cassette avec la voix du thérapeute ou bien d'une cassette de musique adaptée à la séance. Cette cassette est un support initial dont le patient pourra bientôt se passer après avoir, grâce à elle, retrouvé sa capacité à se concentrer sur des images ou d'autres perceptions.

L'autohypnose comprend plusieurs phases : tout d'abord la pratique de l'hypnose avec un thérapeute ; dès lors que ces séances apportent un soulagement, l'évidence conduit à les reproduire. Les séances avec un professionnel seront de plus en plus précises et individualisées, tandis qu'au début les séances d'autohypnose reproduiront ce qui s'est passé en consultation pour en prolonger les effets et acquérir le savoir-faire. Cette acquisition se fonde comme nombre d'apprentissages sur la répétition à l'identique du modèle initial. C'est-à-dire à *réexpérimenter* les perceptions favorables à une relaxation personnalisée et propice à un approfondissement. Les images perçues au cours de la séance avec le thérapeute serviront d'induction à sa séance personnelle. Peu à peu, le patient maîtrisera mieux cette concentration et développera ses propres sensations. Les sensations sont associées entre elles de façon souvent étonnante et cette découverte alliée à une imagination personnelle emmènera le patient dans son monde intérieur. À telle époque correspond une musique, genre tube de l'été, puis un lieu, ensuite des gens, des émotions, etc. La musique est un puissant moyen pour retrouver des souvenirs (voir le succès des radios calibrées musique années 1960-1970) ou pour générer des ambiances (intérêt de la bande son dans un film). Cette technique d'autohypnose s'appliquera à toute pathologie chronique de la douleur à l'anxiété en passant par tout l'éventail des troubles psychosomatiques.

Les ressources du patient lui sont devenues accessibles contribuant ainsi à une meilleure autonomie de celui-ci. La propre créativité du patient est stimulée et lui permet de franchir les limites de l'expérience immédiate. Nous lui avons transmis un savoir-faire.

➤ *Histoires vécues*[1]

Liliane est caissière dans un supermarché. Elle travaille dans l'ambiance décontractée d'une grande surface dont le patron a la bienveillance d'un usurier. En fin de journée, Liliane fait sa caisse. Toute la journée, elle pense à cette opération. Toute la journée, elle se répète : « Pourvu que ma caisse soit juste, pourvu que ma caisse soit juste ! » Sinon, c'est dans sa poche qu'il faudra trouver ce qui manque. Cela dure depuis des années et, depuis des années, tous les jours Liliane a des migraines en pensant à sa caisse. Rien ne l'a soulagée jusqu'à présent. Changer de travail ? Elle y a bien pensé, mais pour faire quoi et où ? Dépressive ? Peut-être. D'autres pistes étaient envisageables : la médecine du travail, les syndicats.

Avant de l'engager dans ces voies, j'ai préféré m'intéresser à son travail par une question simple. « Êtes-vous une bonne caissière ? » Après tout, c'est bien le problème. « Pourvu que ma caisse soit juste ! » est l'incantation suggestive qu'elle s'adresse toute la journée. La caisse dépend de la caissière. Aussi étonnant que cela puisse paraître, personne ne lui avait posé cette question, ni son patron ni elle-même ; aussi elle s'étonna elle-même en répondant par l'affirmative. Incroyable, j'avais devant moi une

1. Toutes les situations cliniques ont été transposées de telle façon que l'anonymat le plus total puisse être conservé. Tous les noms, prénoms, dates et autres détails permettant l'identification ont été modifiés.

bonne caissière qui a des migraines parce qu'elle ne sait pas qu'elle est une bonne caissière ! J'insiste en lui demandant sa marge d'erreur moyenne quotidienne, je ne peux pas croire qu'elle soit si parfaite. Liliane me répondit que son erreur moyenne était de l'ordre de 30 centimes. Aussi, je m'empressais de lui « prescrire » une migraine à 30 centimes tous les jours ! Ce qui est considérablement moins qu'une migraine à propos du chômage.

Trente centimes était un prix acceptable pour qu'elle puisse passer une bonne journée ! Elle a fini par trouver ce prix trop élevé et n'a plus fait de migraine ; malheureusement encore, de temps en temps, elle doit payer les 30 centimes qui manquent dans la caisse. Nul n'est parfait. Souvent, nous sommes tellement focalisés sur un point que nous en oublions l'espace qui l'entoure et les possibilités de mouvement et de changement.

Christophe, 20 ans, avait connu bien des vicissitudes. Il était toxicomane, et une overdose l'avait conduit en réanimation avec coma et hémiplégie gauche. Son état nécessitait un traitement lourd, à base de neuroleptiques et de médicaments psychotropes pour pallier au sevrage, aux crises d'épilepsie et autres désordres neurologiques consécutifs à son accident vasculaire cérébral. Parmi ses troubles, Christophe se plaignait d'intenses douleurs des deux jambes avec des recrudescences au contact de la peau. Au cours de nos différents entretiens, Christophe m'avait parlé de son goût pour le golf en bord de mer, la plage et les restaurants italiens. Ses douleurs étaient calmées par la chaleur, mais les soins mobilisateurs de kinésithérapie les ravivaient ; si bien que sa rééducation avait du mal à se poursuivre et freinait le retour à une meilleure autonomie. La diminution de ses douleurs devenait un objectif important pour l'évolution de son état. De façon régulière, j'encourage les patients à pratiquer l'autohypnose chez eux à partir de ce qu'ils ont découvert en consultation. Pour Christophe, la séance s'est organisée autour d'un repas au restaurant et d'un peu de *farniente* à la plage. Par chance, ce restaurant était celui qui proposait les meilleures spécialités italiennes de la région et en particulier le plat préféré de Christophe, les gnocchis. Plat simple qui demande beaucoup de finesse pour le préparer et le servir comme la Mama.

Christophe était d'origine italienne. La séance, qui sera résumée ici, commença dans ce fameux restaurant par la commande des gnocchis et l'attente de leur arrivée, prélude indispensable pour ouvrir l'appétit. Quand le plat contenant les fondantes bouchées arriva, la main gauche de Christophe manifesta quelques mouvements automatiques en signe d'accueil. Christophe était à l'écoute de mes paroles et n'était pas insensible à un peu d'humour les concernant lui et sa mère permettant d'introduire dans la séance des anecdotes. L'attente apéritive avait tellement augmenté sa faim qu'au moment de servir, un geste maladroit renversa sur la nappe quelques-unes de ces délicieuses pâtes. Qu'importe, sa main rapidement ramassa les échappées ; mais tout cela n'était pas très correct ou propre. Ses doigts avaient touché les gnocchis et leur onctuosité y restait collée. Le réflexe enfantin de s'essuyer sur la nappe sous la table revint aussitôt. Prétexte pour sourire, développer le sens tactile et préparer la suite. Après ce repas, une petite sieste sur la plage fut la bienvenue. Son coin préféré retrouvé, Christophe s'installa confortablement sur le sable et bientôt en apprécia la chaleur. De la poignée de sable retenue dans la main s'échappait grain après grain, un grain de chaleur, si légère, qu'elle en était presque imperceptible au contact de la jambe. Grain de sable après grain de sable, sa jambe fut vite recouverte d'une petite dune dorée légère, chaude et si apaisante que la douleur s'estompa peu à peu. Le sable absorba la douleur et la jambe retrouva un soulagement favorable à la rééducation.

Soigner l'anxiété avec l'hypnose

Dans le sud de la France, l'été est la saison où les lézards sortent et se chauffent au soleil sur quelque pierre, vieux mur ou écorce d'un pin. Ils sont là immobiles mais aux aguets. Ils semblent figés, mais sont sur le qui-vive et c'est un jeu pour les enfants d'ici que de tenter d'attraper cet ovidien. Il leur faut développer des trésors de prudence en recherchant le bon chemin, celui qui n'alertera pas, celui lent et léger qui permettra de saisir avec précaution ce petit lézard sans le blesser.

À l'instar de ces enfants et de leur chasse, notre attitude vis-à-vis de l'anxiété peut s'inspirer de leur approche : lente, prudente et adaptée.

Si le praticien envisage d'utiliser l'hypnose comme moyen thérapeutique, il sera le vecteur du traitement. Dans un premier temps, il lui faudra s'intéresser à son patient de manière à capter son attention par une écoute vigilante ; puis dans un second temps, apporter des nuances à son point de vue émotionnel par des commentaires, voire des suggestions, spécifiques et individualisés.

Dans ce bref exposé, j'aimerais mettre en valeur quelques éléments simples qui permettent d'aborder l'anxiété chez nombre de nos patients.

➤ *Qu'est-ce que l'anxiété ?*

L'anxiété est une des manifestations pathologiques les plus fréquentes, soit comme symptôme, soit comme cause, circonstance favorisante et/ou aggravante d'une autre pathologie. L'anxiété est un trouble de l'humeur fréquent ; son traitement participera à celui de l'insomnie, de la

« spasmophilie », de troubles psychosomatiques et autres difficultés comportementales, telles les conduites addictives (tabac, alcool), obsessionnelles, les phobies, la boulimie.

Mon propos ne sera pas tant de définir l'anxiété que de décrire d'une manière analogique son expression chez tel ou tel patient.

L'anxiété peut s'exprimer par des manifestations de peur sans objet, d'anticipation inquiète et pessimiste du futur, une incapacité ou une difficulté à s'adapter à des situations de la vie courante. L'anxieux vit dans un climat de tension psychologique douloureuse et de symptômes somatiques fonctionnels divers. Les patients anxieux présentent souvent une accélération de leur phrasé, de leur rythme respiratoire, bougent plus vite, s'agitent, voire présentent des troubles qui, à leurs yeux, expliquent ou justifient leur opinion pessimiste initiale. Une spirale ascendante d'anxiété commence.

➤ *Quelques principes du traitement de l'anxiété*

Dans la première phase du traitement, les attitudes non verbales du thérapeute seront décisives pour la suite, en particulier sa capacité ou possibilité à développer d'emblée un « *pacing* respiratoire » (technique de synchronisation du rythme respiratoire du thérapeute sur celui du patient) avec son patient. Pendant que celui-ci expose ses craintes et ses douleurs, le thérapeute peut d'ores et déjà se placer dans cette attitude qui va amener le patient à changer de sensation interne sans vraiment s'en rendre compte, et faire en sorte que le patient, aux aguets, assis au bord de sa chaise, s'installe peu à peu plus confortablement sur le siège et finalement s'y adosse.

Ce changement est de bon augure, car alors le patient commence à être davantage dans l'Ici et Maintenant que dans l'Improbable et l'Ailleurs.

Maintenant qu'il est plus calme, qu'il existe un petit répit, il va être possible d'aller plus loin ; c'est-à-dire de ralentir le cours de ses idées, de ses sensations qui le font souffrir.

En nous référant à la notion de microdynamique de la transe, le premier temps consiste à capter l'attention du sujet, puis à développer quelques idées suggestives qui contribueront à donner une suite à l'histoire du patient.

➤ *Histoires d'anxieux*

Brigitte souffre de trichillomanie, c'est-à-dire qu'elle a la manie de s'arracher les cheveux. Il y a quelques années, elle arborait une longue chevelure souple et ondulée, mais depuis deux ans ce n'est plus qu'un souvenir. Sa tête est maintenant recouverte de cheveux ternes, très courts à l'implantation éparse laissant apparaître par endroits un cuir chevelu quasi glabre.

Sa vie est un tourbillon, elle ne prend jamais son temps, partagé entre ses études de droit et une activité militante dans un mouvement scout.

Elle a une attitude mentale rigide qui la conduit à se comporter en faisant « comme si ». Quoi qu'il arrive, elle fait comme s'il ne se passait rien qui l'affecte. Cependant, depuis son enfance, elle pleure à chaque rencontre où elle est impliquée émotionnellement, même faiblement. Brigitte travaille beaucoup, elle est laborieuse voire besogneuse et perfectionniste.

Ses loisirs se résument à être chef scout et à animer des camps. Sa vie d'étudiante est satisfaisante, elle réussit ses examens, mais ne les fête pas ; passant des salles de cours à des groupes scouts où elle enseigne le travail d'équipe, le respect de l'autre et de soi, encourage l'effort et sa récompense méritée.

Elle ne s'arrête jamais, ni repos ni répit. La description de son activité d'encadrement scout est étonnante. Elle encourage, tout d'abord, les jeunes à se découvrir, à faire connaissance les uns avec les autres au travers d'activités manuelles comme l'installation du

> camp. Cette installation est suivie d'une fête collective, point d'orgue et récompense à l'effort fourni en commun, mais elle refuse de participer à cette fête attendue et promise, préférant rester seule dans sa tente.

À cette patiente qui pleure et qui en est à son énième mouchoir en papier, je commence à raconter une histoire inspirée de ses activités de chef scout. Une histoire de liens qui se tissent dans un groupe à partir d'individus étrangers au départ qui peu à peu se connaissent et se respectent. La création d'un campement fait de rondins attachés par des cordes, des hamacs confectionnés avec des ficelles nouées est une réalité concrète. Au cours de la séance, son attention est attirée sur la qualité des nœuds qui maintiennent ensemble les différents éléments. Ce sont ces nœuds qui unissent et stabilisent. Il en est de même dans la tapisserie haute lice où le métier (quel beau nom !) est vertical. Métier sur lequel celui ou celle qui tisse, après avoir tendu la trame de ce qui sera son travail, noue brin à brin, noue fil après fil la laine, la soie afin que le dessin apparaisse peu à peu. Et, en continuant la séance, l'accent est mis sur les qualités de persévérance nécessaires pour transformer une trame brute et rêche en une étoffe plus fine. « Ce travail sera long, *suspendu* et repris de nombreuses fois en prenant soin de l'*arrêter* par des nœuds pour éviter de le transformer en une guenille, comme celle que vous avez sur la tête ! »

Une telle séquence d'acceptation longue et sinueuse l'a préparée à ce choc descriptif. Sa réaction a été d'établir, en un instant, une relation entre sa situation capillaire, son rapport à l'action dans le temps et surtout à elle-même. Brigitte entreprend plusieurs activités séparément et ne s'accorde pas le droit d'apprécier les réussites qu'elle s'efforce d'obtenir. Que ceci se déroule chez les scouts ou dans sa vie d'étudiante et, bien sûr dans sa vie affective et amoureuse.

« On verra plus tard », dit-elle.

« *Stop, regardez, maintenant.* »

Elle se rend, alors, compte peu à peu qu'elle n'a pas signé un engagement pour en « chier ». Le langage est certes direct et provocateur, mais tourner autour du pot, tortiller les cheveux, c'est s'en mordre les doigts et consommer des mouchoirs à n'en plus finir. Brigitte a des valeurs humaines et spirituelles fortes, c'est un atout. Le repos n'est pas l'apologie de la paresse, bien des textes de haute qualité l'attestent. Peut-être lui faut-il accorder le fond et la forme, l'esprit et la lettre, le corps et les émotions.

Ses pleurs se sont arrêtés. Le traitement de cette patiente s'est poursuivi et les cheveux ont pu commencer à pousser au-delà des quelques centimètres initiaux et être coiffés. La « serpillière » s'est transformée progressivement en une étoffe de qualité plus soyeuse.

Un travail psychothérapeutique a été entrepris sur la relation à sa mère et son acharnement perfectionniste aux études. Brigitte ne fait plus « comme si », mais pense plutôt « pourquoi pas ? ». L'évolution lui a permis de profiter de ses succès et d'organiser plus harmonieusement sa vie avec son ami.

Raoul, 46 ans employé dans une administration, souffre d'un syndrome de Gilles de la Tourette manifesté par des tics continuels du visage, des épaules, de la tête et du cou, s'accompagnant de bégaiement, bruits, grognements et autres onomatopées et d'une légère surdité.

Raoul se décrit comme coupé en deux, se vivant comme étant deux personnes qui se côtoient et prennent la parole ou agissent à tour de rôle sans tenir compte de ce que dit l'« autre » ! Il vit une lutte intérieure. Ces tics et les autres manifestations d'anxiété sont apparus à l'adolescence, puis ont disparu à l'âge de 20 ans pour réapparaître à la trentaine. Ces crises ne l'ont plus quitté depuis ; Raoul a utilisé et usé de toutes sortes de thérapies sans succès.

Il échoue *(sic)* chez moi ! Pendant qu'il me parle, je le soupçonne (!) de penser au prochain thérapeute qui va me succéder dans cette longue suite zigzagante de traitements à peine commencés, déjà finis. Je lui fais part de mon soupçon, qu'il me confirme avec un sourire ; le contact s'établit alors plus simplement.

Raoul bégaie ses traitements, comme sa vie. Il est un peu comme un singe (excusez la comparaison audacieuse à laquelle il adhère par ailleurs) qui saute de branche en branche au gré des sollicitations qu'il rencontre, change d'avis, de direction en oubliant ce qui l'a mis en mouvement.

Raoul est en perpétuelle agitation. Du point de vue des opinions, il ressemble au caméléon. Le plus fort ou le dernier qui a parlé a raison. Il lui est très difficile d'exprimer ce qu'il pense. Peut-être pour conjurer l'anxiété de confronter son opinion à celle des autres, il fait comme si, mais n'en pense pas moins…

Sans entrer dans trop de détails, je voudrais cependant vous indiquer l'approche utilisée.

Ce patient a aussi la particularité suivante : ses tics peuvent cesser lors d'une fixation de l'attention sur une tâche intéressante (démonter une pendule, observer un arbre, écouter une musique captivante), mais uniquement de façon inopinée, malgré lui, car, lorsqu'il s'aperçoit qu'il est plus détendu, cela l'« énerve » et il repart dans une crise de tics !

D'autre part, les situations permettant une détente ne peuvent être renouvelées parce qu'elles sont alors considérées comme une contrainte. Autrement dit, décider devient une obligation insupportable, même s'il s'agit de quelque chose d'agréable.

Raoul est ainsi partagé entre faire ce qui lui plaît sans réellement l'apprécier et lutter par surprise contre ce qui le dérange. Un joli paradoxe !

Raoul prétend être en quelque sorte deux personnes ! Soit, utilisons son langage et parlons à ces « deux personnes », simultanément, dans le but de synchroniser ces deux parties.

La première séance exploratrice m'apprend que, sa surdité aidant, il n'a pas tout compris, ni tout entendu de mes paroles, mais qu'il a été sensible au ton de la voix, à son rythme, à son phrasé.

Au début de la deuxième séance, sa tête tape sur le dossier avec une amplitude de 30° selon un rythme approximatif de quarante battements par minute.

Je choisis de m'adresser simultanément à ces deux parties tout d'abord « métaphorisées » comme le corps et l'esprit en utilisant le « *pacing* respiratoire ». La double synchronisation de mon rythme de parole sur ses mouvements de tête (sa respiration est anarchique, tant dans sa fréquence que dans son amplitude thoracique et abdominale) pour capter son attention et la maintenir d'une certaine façon « en éveil » ici et maintenant permet de ralentir ces mouvements jusqu'à les faire cesser.

Mon but est de conserver une qualité de conscience telle qu'il soit en présence de lui-même, en rythme, en harmonie. L'idée, simple au demeurant, consiste à proposer un rythme extérieur suffisamment ample, régulier et stable pour caler son corps tout en y étant attentif. La synchronisation de ces prétendues deux entités en une seule est obtenue par l'utilisation de perceptions de type vibratoire, de tonalité basse et de rythme lent avec des images de pulsations dans une situation contemplative (une simple plage) couplées à une sensation d'espace intérieur accordé à l'espace extérieur.

Le principe est le suivant : conduire deux actions séparément et simultanément et les associer de façon à ce que l'une engendre l'autre et réciproquement. Le premier gain de cette technique a été un plus grand calme dans des conditions artificielles et délibérées, telles que le cabinet de consultation, ce qui était nouveau. Puis il a été capable de rester à peu près serein au cours d'une réunion de travail de quatre heures sans quitter son siège ou la salle. Maintenant, ce bénéfice s'étend à sa vie privée pendant les longs repas de famille et aux temps de loisirs pendant lesquels il peut mener à son terme une action sans interruption, le bricolage par exemple. Auparavant, il passait de façon frénétique de la peinture des volets à la confection approximative d'un sandwich au jambon, puis à l'écoute de la moitié d'une chanson, à la lecture d'un quart d'article de journal, puis à une crise de cris et de mouvements désordonnés dans le jardin, etc.

Il a suffi simplement de parler son langage, de s'adresser à ses « deux parties » pour qu'elles puissent s'entendre et peut-être se comprendre …

> Irène souffre de grandes angoisses qui paralysent ou du moins limitent sa relation à autrui. Le point de départ de la symptomatologie remonte à une période de sa vie où elle vécut un violent conflit de voisinage. Les occupants illégaux de la propriété contiguë faisaient régner la terreur dans le quartier par leur violence verbale et comportementale. Face à ces désordres, les autorités semblaient avoir démissionné, laissant pourrir la situation. N'en pouvant plus de ces agressions quotidiennes, Irène se résolut à quitter sa maison emmenant avec elle amertume personnelle et peur de l'autre. Depuis cette date, la peur infiltre toutes ses relations, l'isolant dans une méfiance sclérosante.

L'hypnose, par un recadrage sur la notion de territoire, rétablit justement un cadre, une frontière qui pose un filtre entre le présent et le passé, l'extérieur et l'intérieur. Cette absence de limite concentrait paradoxalement son attention sur elle sous la forme d'une perte de confiance. Un nouveau sens critique apparut avec ses nuances ; la peur n'avait pas disparu complètement, elle restait seulement personnalisée et contenue à une période passée.

La définition de cette nouvelle frontière non seulement apaisa ses angoisses, mais influença son travail artistique. Des projets qui lui paraissaient trop ambitieux se réalisèrent sans difficultés particulières, un réajustement des proportions s'étendit de la sphère émotionnelle au domaine artistique. Elle n'était plus l'objectif de supposées menaces mais le centre de nouvelles perspectives. Un nouvel éclairage qui se prolongea dans son travail par une orientation marquée sur la réalisation de luminaires !

Soigner la dépression avec l'hypnose

Voilà une pathologie fréquente aux multiples facettes qui vont de l'aspect « bénin » d'une fatigue prolongée à la dépression grave avec tentative de suicide. L'hypnose n'est pas à mettre en concurrence avec une médication justifiée selon les cas, elle trouvera sa finalité dans l'aide apportée au patient pour trouver une sortie à la situation dépressive. Aide orientée principalement sur les moyens pour aller mieux, sur les solutions pour s'en dégager.

L'approche hypnotique de la dépression fondée sur la description analogique de ses signes sera résumée ici en quelques lignes directrices. Yapko[1] décrit très bien ces analogies entre l'hypnose et la dépression :

1. M. D. Yapko, *Hypnosis and the treatment of depressions*, New York, Bruner and Mazel, 1992.

• Une distorsion subjective du temps en dirigeant principalement son attention vers le passé accompagné d'un ralentissement de son rythme de vie.
• Une régression en âge associée à une « amnésie » sélective de son passé en privilégiant les expériences négatives.
• Une anticipation en âge projetant les malheurs du passé dans le futur.
• Une dissociation par une abstraction du monde environnant avec une focalisation excessive sur soi-même.
• Des réponses automatiques ou stéréotypées, pensées, comportements, sentiments quelles que soient les situations.
• Des sensations physiques modifiées : somatisations.

Georges, retraité, est dépressif depuis quatre ans à la suite de l'annonce d'un cancer. Ce cancer a été traité avec succès, la rémission est complète, aucun traitement d'entretien n'a été prescrit et son état ne nécessite qu'une surveillance régulière. Cependant, son état psychologique est inchangé. La peur occasionnée par la maladie l'a figé et réduit à une inactivité inconnue avant. En effet, Georges, boulanger pâtissier, a toujours travaillé dur, à l'ancienne, sachant se lever tôt pour préparer son pain et ses gâteaux. Il respecte le passé pour s'inspirer de la tradition en recherchant les recettes du temps jadis et les faire revivre pour la plus grande gourmandise de ses clients et le plus grand succès de son activité. Mais le splendide vélo et la belle voiture décapotable, fruits de son labeur, restent l'un accroché au mur et l'autre sous la bâche dans le garage. Plus rien ne l'intéresse, la peur a figé ses gestes. Sa vie toute dirigée vers l'action, sans repos, ni répit véritable n'a plus de sens. Il est à plat et s'en veut de se voir ainsi malgré l'amélioration physique, et ce contraste le déprime davantage. Il veut, mais ne peut, il force, s'épuise et déprime, pris dans le cercle infernal des efforts de volonté que le bon sens commande. Bien que déprimé, Georges est très actif paradoxalement et il est très difficile de dire à un déprimé de ne pas faire d'efforts pour s'en sortir.

Il est des niveaux de compréhension difficilement accessibles et l'approche ne peut pas être intellectuelle, mais dans l'utilisation du contexte, encore une fois. Dans sa dépression, Georges a oublié certains aspects de son travail de boulanger traditionnel bien différent des pains industriels proposés actuellement. Des pains sans grande saveur, sans mie fondante et croûte craquante, rassis dès la sortie de la boulangerie, juste décongelés. Une horreur. De quoi déprimer. Quel est le secret du bon pain d'autrefois ? Le temps du repos. Le temps pendant lequel la pâte repose. Elle repose, tranquille, le levain agit en silence, discrètement. Ne rien faire, c'est justement faire que la promesse se transforme en réalité savoureuse. Le droit à se reposer, l'efficacité du repos. Un observateur pressé (un industriel ?) considérerait probablement ce temps comme une perte insupportable de productivité, mais un artisan dépositaire d'un savoir-faire traditionnel sait presque d'instinct faire la différence. C'est à cette connaissance et à cette pratique qu'il a été fait référence pour lui faire retrouver la réalité de ce temps négligé, celui du repos, qu'il n'avait plus pris depuis quatre ans.

L'évocation de la préparation du pain et du four pour sa cuisson l'a éveillé suffisamment pour qu'à l'instar de la pâte il lève, il se lève et retrouve ses activités de loisirs et profite de son temps libre.

Christian, conducteur d'engins dans les travaux publics, traîne une dépression depuis des années, coincé dans une apathie douloureuse. Sa souffrance remonte au décès de son père dont il n'a pas fait le deuil. L'anamnèse découvre une vieille rancune avec son cortège de souvenirs vénéneux. L'hypnose, par des techniques de régression en âge, lui a permis de mieux identifier la personne porteuse de cette rancœur et d'achever mentalement la cérémonie des funérailles.

Le travail sur le deuil est un axe thérapeutique fréquemment rencontré chez les patients dépressifs. Mais cela ne fut pas suffisant pour lui redonner un élan vital. Le poids de ce passé ne l'entravait plus, mais il avait vécu entre parenthèses si longtemps qu'il manquait de repères au présent. Son épouse, patiente et solide telle Pénélope, assurait la dynamique quotidienne de la famille tandis que leur relation intime avait la tiède quiétude de la torpeur. Christian se plaignait alors d'un « je ne sais quoi » le contrariant, l'inhibant ; une définition vague d'anxiété et de fatigue qui revenait principalement à la maison. Ce patient, travailleur manuel, tentait de changer en force, d'utiliser sa volonté pour vaincre ses difficultés. Quand ses troubles devenaient par trop pénibles, il se repliait sur lui-même et s'isolait en une paradoxale activité de renforcement négatif de ses sensations.

Toute la difficulté est de reconnaître ce processus, mais de ne pas le considérer comme une rechute. En agissant assez précocement, il est possible d'obtenir un changement. Le rapport personnel avec ce patient étant de bonne qualité, je me risque à un « croc-en-jambe » mental. Les consultations précédentes m'avaient permis d'apprécier son sens de l'humour. L'humour peut aider les patients empêtrés dans cette sensation de « tourner en rond » à trouver une issue ou en tout cas, une nouvelle direction, comme ils le feraient s'ils tournaient dans un sens giratoire. Ralentir, ouvrir les yeux et lire les panneaux sont des propositions à formuler métaphoriquement au cours d'une séance.

Mais, pour Christian, il a été plus facile de se fonder sur ses talents de conducteur d'engins pour conduire sa vie. Beaucoup de gens sont capables de diriger une voiture et font, sans s'en rendre compte, une foule d'opérations automatiquement avec la plus grande sécurité d'exécution. Ils conduisent en écoutant la radio, parlent avec leur passager, pensent à ce qu'ils vont faire arrivés à destination tout en regardant la route. Ils sont attentifs au parcours, aux autres voitures, à la signalisation pour parvenir à bon port avec une économie d'énergie. Il est parfaitement possible de rouler en toute sécurité sans pour autant se souvenir du nombre de voitures doublées et croisées, ni de leur couleur et de leur numéro d'immatriculation. Les gestes de la conduite automobile sont maintenant intégrés après un apprentissage antérieur. La confiance dans ces mécanismes est la plus utile des protections pour conduire. La séance a, elle aussi, été conduite sur ce thème des apprentissages anciens et intégrés avec réussite pour servir de référence lors de la réapparition de ces troubles actuels inhibants. Cette prévision du retour des troubles est vécue, maintenant, avec moins de crainte. C'est là que le croc-en-jambe se produit lorsque je lui dis que, lors de la réapparition des troubles, il lui suffirait de tenir son volant pour retrouver sa confiance. Et joignant le geste à la parole, je fais semblant de tenir et de tourner un volant imaginaire et demande à sa femme qui est présente, d'imiter le bruit du moteur ! Une petite touche d'humour dans leur relation pour renforcer leur complicité et désamorcer la séquence de repli. Ils rirent et partirent amusés.

Lors de la séance suivante, lorsque je lui demandai s'il lui avait fallu tenir le volant à la maison, il répondit que cela n'avait pas été utile, mais qu'il y avait pensé. Les invitations de vieux copains à la maison, les promenades en famille et le cinéma avec sa femme et plus… ne lui avaient pas donné d'occasion de rouler avec son poids lourd à la maison ! Christian a retrouvé sa place et sa route.

Elena a eu le malheur de perdre des jumeaux à 5 mois de grossesse. Cette grossesse était désirée, voulue depuis longtemps, très longtemps avant qu'enfin une grossesse « pointe le bout de son ventre ». Elena ressentit des contractions douloureuses qui, selon elle, ont été négligées par le médecin. Elle ne s'est, tout d'abord, pas sentie écoutée, puis abandonnée lorsque le gynécologue présent lors de la fausse-couche qualifia élégamment de « produits d'expulsion » ses jumeaux morts. Les suites sont dépressives et rageuses avec une colère contre deux médecins. L'accompagnement de cette patiente a consisté à l'aider à s'occuper du décès de ses enfants, les nommer, leur faire des funérailles et assumer leur deuil. Elena a consulté deux mois après sa fausse-couche, c'est-à-dire qu'il fallait tenir compte de leur mort deux mois auparavant et de leur naissance virtuelle deux mois plus tard ! La chronologie émotionnelle a ses lois que la logique commune ignore. Des prescriptions de tâches ainsi que des techniques de distorsion du temps ont aidé Elena à se situer dans le temps de façon à finir ce qui était advenu, apaiser la rancune, se détacher de ces médecins et se préparer à ses émotions futures qui ont correspondu, sentimentalement, à la réalité du décès. La réappropriation des enfants décédés les a inclus dans une histoire familiale. Une place leur a été faite symbolique et physique et l'injure a été effacée par leurs noms gravés sur une plaque au cimetière. Synchronisation à forte teneur émotionnelle, apaisante et porteuse de vie. Quelques mois plus tard, une nouvelle grossesse prolongea l'élan et son troisième enfant est né qui, maintenant, commence à courir dans les garrigues environnantes.

Soigner les phobies avec l'hypnose

Dans le cas des phobies les plus courantes, une peur irrationnelle envahit le patient. L'anticipation anxieuse le conduit à ressentir l'angoisse avant d'être exposé à la situation qui la génère. Ralentir le flot de ses pensées, en atténuer la composante anxieuse et l'aider à être présent, maintenant, à la situation pour ce qu'elle est, voilà quels sont les principaux axes de traitement.

> Gisèle redoute tant de marcher seule dans la rue qu'il lui est impossible de parcourir plus de 200 mètres. Au cours de la séance d'hypnose, les notions d'espace intérieur auxquelles sont attachés la détente et le calme, lui permettent de conserver ses sensations, après la séance, en ville et de n'y faire qu'un pas après l'autre.
> Gisèle revient à la consultation suivante, se réjouissant d'avoir pu marcher 1 km et ajoute : « J'avais oublié de vous dire que je ne passais jamais sur les ponts, eh bien, l'autre jour, je suis resté pendant 5 minutes sur le pont de l'Ouvèze » « Que vais-je faire la fois prochaine ? 3 kilomètres ? »
> « Non. Vous allez marcher 800 mètres », lui répondis-je.
> Elle sourit en réfléchissant à haute voix : « En faire moins, c'est en faire plus à un autre niveau. »

Bertrand Piccard, psychiatre hypnothérapeute et aéronaute vainqueur du tour du monde en ballon, a tiré de ses expériences de voyages en ballon, une métaphore démonstrative du travail hypnotique. Devant l'inconnu, le futur, quelle attitude adopter ? Dans sa nacelle, il ne peut que changer de niveau pour trouver les vents favorables. Monter ou descendre n'a pas de valeur en soi, seul trouver le bon niveau est important. Pour se diriger, il est nécessaire de savoir où l'on se trouve à présent maintenant. La fameuse règle du théâtre classique s'applique : unité de lieu, de temps et d'action. Le voyage, le changement peuvent alors commencer. Ce triple principe d'unité rend service à un grand nombre de phobiques qui estiment ne pas pouvoir s'éloigner de leur domicile au-delà d'une certaine distance. Ils décrivent très bien cela. Ils parlent, en quelque sorte, du rayon d'un cercle centré sur le domicile. Leur pathologie se manifeste quand ils auront parcouru le rayon et touché la circonférence. Sauf si le centre du cercle est axé en eux-mêmes. Hypnotiquement, ce point sera placé en eux et donnera le même rayon de sécurité qui se déplacera avec eux !

Aurélie ne peut pas se déplacer au-delà de 10 km de sa maison sans s'endormir profondément plusieurs heures au bord de la route. Ce sommeil est si irrépressible qu'il l'oblige à s'arrêter au bord de la route et que, parfois, elle s'endort sur le bas-côté avec le moteur en marche !
Certes, sa vie comporte des événements difficiles des deuils proches, des relations familiales conflictuelles, mais ces épreuves ont été franchies et cette phobie demeure.
Ensemble, nous abordons ce trouble phobique de façon isolée et précise, en utilisant la réalité immédiate. Outre le traitement de l'anxiété, une suggestion lui fait remarquer que ce rayon de sécurité de 10 km est centré sur elle-même et se déplacera avec elle. Il y aura toujours un rayon de sécurité de 10 km autour d'elle, où qu'elle soit. Les kilomètres se sont succédé, les voyages de 400 km sont devenus possibles sans étapes intempestives. Le rayon a disparu, seul le centre est resté, sobre et suffisant. Une étape est franchie, mais parfois la route est pleine d'imprévus. Une meilleure synchronisation du sommeil et des émotions s'est établie.

Soigner les troubles post-traumatiques

Pour aborder ce chapitre, nous allons faire référence à une catastrophe qui a frappé Vaison-la-Romaine en 1992. Depuis, d'autres catastrophes naturelles ou non comme les attentats islamistes de 1995 à Paris, de septembre 2001 à New York et l'explosion de Toulouse ont endeuillé des familles entières et frappé de stupeur la population. Les troubles qui résultent de ces événements se retrouvent dans d'autres situations individuelles (viols, accidents de la route, agressions, etc.) qui ont en commun, avec ces désastres collectifs, le fait que les patients soient des victimes. La notion diagnostique de victime est essentielle pour définir l'origine du trouble et entreprendre son traitement.

Nous allons présenter tout d'abord une approche inspirée de l'hypnose dans la prévention de ces troubles post-traumatiques au niveau collectif, puis nous proposerons quelques exemples cliniques individuels.

➤ *L'exemple de la catastrophe de Vaison-la-Romaine*

La prise en charge des troubles psychologiques

Bien que dans un premier temps cette approche apparaisse éloignée de l'hypnose, elle y est pourtant intimement liée, nous permettant d'appliquer un certain nombre de nos observations à un domaine de santé publique.

Vaison-la-Romaine a bénéficié d'une grande solidarité de la population afin que notre ville renaisse ; et je voudrais, ici, en témoigner. Mais il était aussi de notre responsabilité de nous en occuper nous-mêmes. Avec l'aide d'un confrère généraliste, le Dr William Saada, nous avons organisé, dans les trois semaines qui ont suivi la catastrophe, une réunion destinée à tous les professionnels de santé (médecins généralistes et spécialistes, infirmières, psychologues, orthophonistes, etc.) des secteurs privé et public de Vaison-la-Romaine et des environs. Le but de cette réunion était d'informer et de sensibiliser ce public professionnel à la pathologie des névroses traumatiques.

L'organisation de cette soirée, conduite par le Dr Maurice Reitter, le Dr Philippe Villien et Jean-François Roy, respectivement médecins et psychologue militaires à l'époque et hypnothérapeutes expérimentés, comportait la distribution d'un questionnaire sur lequel étaient décrits les signes pathognomoniques des névroses traumatiques. Ce questionnaire avait plusieurs fonctions ; à la fois une sorte de fiche diagnostique et une occasion de trier parmi les patients rencontrés ceux qui pouvaient présenter, déjà, des signes évocateurs de névrose traumatique. Ce questionnaire pouvait être, bien entendu, gardé, mais aussi rendu à la sortie de la réunion afin de constituer un groupe qui allait se réunir pendant une année. Ce groupe dont l'effectif a varié de quinze à vingt-trois personnes s'est réuni approximativement toutes les six semaines jusqu'à la date du premier anniversaire, le 22 septembre 1993.

Avec le Dr Espinosa, notre travail a consisté à organiser le recueil des informations sur l'évolution psychologique de nos patients touchés par la catastrophe dans toute la vallée de l'Ouvèze, réunir des informations sur des drames semblables et d'envisager des dispositions pratiques de prise en charge thérapeutique.

Afin d'apprécier cette évolution, nous avons recherché de manière subjective :

• les variations, et particulièrement, l'augmentation d'une symptomatologie spécifique ;
• les variations de prescriptions médicamenteuses ;
• les variations de l'« atmosphère » de la ville et de sa vallée, notamment par les informations en provenance des écoles et de leurs infirmeries ;
• évaluer le nombre et le suivi dans le temps de patients présentant des troubles psychologiques.

Il est à noter que la dynamique de ce travail a réussi à passer au-dessus des « réserves » de l'individualisme traditionnel des médecins. Nous avons, par ailleurs, choisi de privilégier l'information professionnelle à celle du public, afin de ne pas provoquer ou suggérer maladroitement, ce que nous redoutions de voir apparaître. Cette précaution nous apparaît, avec le recul, comme particulièrement judicieuse : les médias, sous couvert d'information, génèrent souvent ce qu'ils prétendent prévenir. En tant que « professionnels de la suggestion » nous assumons notre statut. Par voie de presse, nous avons simplement signalé qu'un groupe de professionnels se réunissait régulièrement pour travailler sur les conséquences médicales et psychologiques de la catastrophe.

Dans les suites immédiates du sinistre, nous avons rencontré beaucoup de troubles émotionnels réactionnels, qui ont été bien contrôlés. Quant aux névroses traumatiques qui ont pu être diagnostiquées à cette date du 22 septembre 1993, elles ont été moins nombreuses qu'on ne le craignait et ont présenté une évolution favorable.

Notre groupe a cessé de se réunir le 22 septembre 1993, estimant que l'évolution globale était satisfaisante au regard, bien sûr, de nos consultations. Ce travail, pour imparfait qu'il ait été vis-à-vis de critères scientifiques stricts, constitue une dynamique attestant qu'un groupe de professionnels de disciplines différentes peut mener, *in situ*, une action préventive des névroses traumatiques. Ce travail ne rend évidemment compte que de ce qu'il a observé et ne se présente pas comme une réussite, mais comme une attitude thérapeutique.

La présentation qui suit porte sur le traitement de personnes souffrant de névroses traumatiques dans le cadre de la catastrophe de Vaison-la-Romaine.

Comme souvent dans une catastrophe naturelle, celle-ci touche simultanément une population importante. Il s'agit d'une agression qui atteint les personnes dans leurs composantes physiques et psychologiques. Les caractéristiques de cette agression ont été la soudaineté de sa venue et l'extrême violence du flot pendant plusieurs heures. Ce désastre a provoqué la mort de trente-sept personnes. Cette étude s'intéresse aux conséquences à distance de cette inondation chez des victimes indemnes ou non d'une pathologie préalablement à la catastrophe.

N'entrent dans cette étude que les cas qui répondent à quatre types de critères des névroses traumatiques :
• *Évidence de l'événement traumatique* (menace vitale pour soi ou un proche, témoin du traumatisme, en particulier noyades).
• *Reviviscence réitérée de cet événement* : la répétition du souvenir spontané de l'événement avec une charge émotionnelle importante, des visions « hallucinatoires ». Le symptôme le plus caractéristique est le cauchemar à répétition au cours duquel le patient revit la catastrophe. Cette reviviscence sera d'autant plus nette qu'elle s'accompagne de sensations auditives, olfactives et kinesthésiques subjectives.
• *Comportement d'évitement* : éloignement volontaire des stimuli associés à la catastrophe et émoussement de la réactivité au monde extérieur (désaffection des activités personnelles et professionnelles).
• *État d'alerte permanent* : difficultés d'endormissement, irritabilité, difficultés de concentration et hypervigilance, réactions de sursaut.

À partir de ces signes, une attitude générale et une adaptation individuelle seront mises en route pour le traitement. Tout d'abord, la notion de contexte développée précédemment trouve son application dans une prise en compte d'une population touchée dans son lieu de vie.

Le traitement général et social

À Vaison-la-Romaine, la démarche spontanée de la population a été de considérer l'existence du traumatisme par l'utilisation de la dénomination de « sinistré ». Ce vocable a permis à ceux qui ont été touchés par l'inondation d'exister comme tels, de se reconnaître et d'être reconnus comme appartenant à un groupe spécifique. L'existence de ce statut particulier a eu l'intérêt de permettre de retrouver une identité qui prenne en compte la souffrance sans médicaliser.

Mais cela n'a été qu'un préalable à un traitement social des sinistrés qui a dû s'articuler autour des objectifs généraux suivants : être indemnisé, retrouver une maison, retrouver un travail.

Ce traitement social est très important, car au traumatisme physique et psychologique initial s'ajouteront, éventuellement, les sentiments d'injustice, de solitude qui feront le lit d'attitude dépressive et/ou revendicative au-delà de la légitime réparation des dégâts.

Le traitement individuel

Aux critères définis plus haut, nous aurons, dans un certain nombre de cas, à traiter la culpabilité éprouvée par les survivants.

Le traitement hypnotique consiste à « assimiler », de manière analogique, la névrose traumatique à une séance d'hypnose qui n'aurait pas trouvé son terme. La surprise, l'effroi opèrent une « mise entre parenthèses » de la conscience qui imprime l'expérience traumatique hors de toute atteinte volontaire de la personne de telle sorte qu'elle ne pourra plus y accéder une fois revenue à son état habituel de conscience (D. Megglé).

Nous décrivons, dans la névrose traumatique, une modification subjective de l'écoulement du temps : le patient est figé dans le passé, dans un passé restreint à l'événement traumatique avec toutes les composantes sensorielles qui accompagnaient le traumatisme. Cette reviviscence l'isole de l'Ici et Maintenant.

Le traitement sera dirigé sur les dimensions temporelles de façon à interrompre les signes envahissants. Pour certains patients, il a pu être proposé de traiter des troubles antérieurs à la catastrophe. Celle-ci agissant paradoxalement comme une occasion de transformation personnelle, cet événement ayant révélé de nouvelles communications entre les gens, la parole, le service, l'entraide, la solidarité ; alors pourquoi pas avec soi-même !

Erickson enseignait que l'apprentissage le plus important portait sur le niveau inconscient, et l'un des plus grands avantages de l'hypnose est de travailler indépendamment avec l'inconscient, sans être gêné par la répugnance de l'esprit conscient à accepter les bénéfices thérapeutiques. Grâce à cette appréciation, Erickson préférait utiliser des techniques indirectes qui contournaient les rigidités du niveau conscient.

Il n'est pas envisageable de détailler ici la complexité de ces techniques. Disons simplement qu'elles vont avoir principalement pour fonctions de :

• Séparer l'émotion de l'événement traumatique.

• Permettre de modifier la relation au temps : vivre le présent, notamment, en achevant ce qui est resté en suspens, faire repartir l'horloge arrêtée !

• Achever l'action qui a été interrompue.

Les principales techniques hypnotiques seront des suggestions posthypnotiques, des techniques de recadrage des rêves, de « confusion », de visualisation, de « distorsion » subjective de l'écoulement du temps, d'autohypnose, des prescriptions paradoxales du symptôme.

➤ *Histoires vécues*

Julie a réussi à sauver des vacanciers qui allaient se noyer, mais a été emportée elle-même par le courant et a ainsi passé quatre heures dans le danger d'une noyade imminente. La catastrophe lui a fait perdre son domicile et son travail.

Cette patiente présentait un état de contrôle exagéré et une hypervigilance traduisant une angoisse d'une grande intensité. L'insomnie majeure, les cauchemars relatifs à l'inondation et les sensations subjectives de reviviscence de la catastrophe étaient devenus son quotidien. Sa vie quotidienne n'était que survie et lutte de tous les instants.

Pour traiter ses cauchemars de raz-de-marée, une technique dite de « recadrage des rêves » a été utilisée. L'approche en est relativement simple ; elle est basée sur l'hypothèse que les cauchemars sont essentiellement une distorsion anarchique du traumatisme. Par conséquent, ils ne devront pas être niés, mais acceptés pour être ensuite modifiés et changés. En d'autres termes, une suggestion sera proposée de façon à ce qu'elle s'intègre au cauchemar de manière à en changer le cours et à le transformer, dans le meilleur des cas, en une ressource.

Au cours de la séance d'hypnose, la patiente est encouragée à retrouver un rêve, ce qu'elle y voit, entend et ressent. Dans un deuxième temps, je lui demande de remarquer comment une partie de cette expérience a pu être oubliée et d'autres rêves revenir. Puis d'apprécier cette expérience différente qui consiste à se souvenir d'agréables et anciennes sensations ou d'agréables rêves anciens, de rêver dans le rêve ! Ce travail de dissociation (au sens où nous l'entendons) sur les rêves permet de changer la dynamique symptomatique et de diminuer l'envahissement mental, en particulier, nocturne.

À la suite de ce recadrage, Julie eut un rêve surprenant, assez extraordinaire : elle marchait sur la mer vers une plage de son enfance. Cette plage était d'une grande importance, car il s'agissait d'un lieu privilégié où elle avait appris, selon elle, les choses essentielles de sa vie. Ce changement lui permit de retrouver l'espoir de voir évoluer favorablement son état.

Actuellement, Julie a retrouvé un travail, une maison ; cependant elle reste fragile et anxieuse.

Florence vint me voir dix mois après la catastrophe. Pour cette patiente, le traitement a été particulièrement bref, quatre consultations en tout. Florence était très anxieuse, déprimée, ne trouvant aucun repos à aucun moment, « hantée » par les visions de l'inondation. Sa relation conjuguale était devenue instable au point d'envisager le divorce. Le local professionnel de Florence a été détruit par la rivière qui emportait, en même temps, sous ses yeux, ses voisins. Florence a été sauvée *in extremis* et se considère comme une rescapée, une survivante. Les bords de la rivière où se trouvait son travail la terrifiaient et elle n'était jamais plus retournée sur les lieux du sinistre. Dans le cas de cette patiente, très désorientée dans le temps et ses relations humaines, le temps s'est arrêté au début de l'après-midi du 22 septembre 1992. C'est cette constatation qui orientera le travail sur la distorsion subjective du temps. Le temps est figé, la pendule est arrêtée ; la faire « redémarrer » est un objectif. Au cours de la séance d'hypnose, il est suggéré de retourner, ultérieurement, sur les lieux du sinistre ; autrement dit, il s'agit d'une prescription paradoxale du symptôme, de façon à retrouver ce qui a été oublié. Cette technique est assez complexe car elle associe, pour espérer être efficace, une mobilisation émotionnelle par la prescription d'une situation redoutée, une technique d'amnésie de la prescription afin de la rendre « spontanée » et la suggestion impliquée d'une découverte ayant pour fonction de mobiliser son esprit inconscient dans un sens positif.

À la troisième séance, Florence me dit qu'elle était retournée, « spontanément », dans son ancien local et elle eut la surprise de ne pas en être effrayée. Son étonnement était, aussi, d'avoir suivi le même chemin qu'auparavant pour quitter son travail, alors que les ruines et les gravats avaient changé l'environnement et surtout, de l'avoir fait à la même heure de sortie de son travail. Et tout cela automatiquement ! Le recadrage a été de lui dire : « Maintenant, le 22 septembre est fini et le temps peut continuer ! »

Actuellement, elle retravaille à nouveau en ville et est la mère d'une petite fille dont le père est, toujours, le même mari.

Bruno a eu sa maison totalement détruite et est, lui-même, resté dans les tourbillons pendant une demi-heure. Pour lui aussi, les signes de névrose traumatique étaient au complet. Après avoir calmé les composantes anxieuses par l'apprentissage de l'autohypnose, nous nous sommes attachés à perfectionner ses capacités personnelles à imaginer. Ces dispositions sont utiles pour développer l'aménagement du présent et des projections vers le futur. Un des problèmes qui préoccupaient Bruno était, selon lui, la honte et l'indignité qui avaient présidé aux obsèques des victimes de la catastrophe. Aussi, en acceptant cette opinion, il lui a été possible, grâce à l'autohypnose, d'agir, de reprendre l'initiative, en tout cas du point de vue émotionnel, en assistant un soir de juillet 1993 au *Requiem* de Verdi dans le théâtre antique de Vaison-la-Romaine. Ce soir-là, il vit sur un immense écran derrière l'orchestre qui interprétait le *Requiem*, défiler les cercueils des victimes. Enfin, pour lui, les morts étaient morts et reposaient en paix. Les obsèques avaient été dignes de leur souffrance. L'émotion, la musique et le théâtre antique ont créé cet écran qui n'était présent qu'à lui-même et il le savait. Cet envahissement mental avait pris fin, le 22 septembre était vraiment fini. Les morts sont avec les morts et la vie peut reprendre. Le passé avait pris place dans le passé et lui dans le présent.

Ce travail personnel entraîna un nouveau changement. Bruno était une personne plutôt effacée et inhibée avant la catastrophe, maintenant, tout en ayant repris son travail, il a pris goût à la musique et à la danse qui lui ont permis d'élargir son cercle relationnel. Maintenant, le temps est presque trop court pour lui.

Luc est un jeune homme de 22 ans, célibataire et sans emploi. Il n'a pas été victime mais témoin de la catastrophe et cela a été suffisant pour imprégner en lui des cauchemars à répétition, des scènes de reviviscence de l'inondation et un syndrome dépressif. Par la pratique de techniques de visualisation qui permirent de projeter, subjectivement, sur un écran de télévision, relié à un magnétoscope, les images néfastes de la catastrophe, ce patient put reprendre le contrôle des images qui l'envahissaient. Il a placé ces images sur un écran à l'extérieur de lui-même et gagné ainsi de la distance vis-à-vis d'elles ; puis en manœuvrant la télécommande en a modifié le défilement. La touche « avance rapide » accélère la vitesse de défilement des images et l'a aidé à se débarrasser de ces impressions douloureuses. Une « cassette vidéo » spéciale conserve ses souvenirs, il n'a pas oublié, il a mis à distance cette catastrophe. À tout moment, Luc peut se remémorer ses souvenirs avec une émotion réduite grâce à ce contrôle.

Après ce premier temps de travail orienté sur le passé, cette technique a été, ensuite, appliquée vers le futur.

Luc eut l'idée d'organiser un concert de rock au profit des sinistrés. Une telle idée chez une personne dépressive était inattendue et saisie au vol comme un objectif intéressant dans un contexte social, mais surtout assortie d'un bénéfice personnel. Dès lors, le travail hypnotique a porté sur les problèmes d'organisation du futur concert, métaphore de renaissance personnelle. Une occasion, peut-être audacieuse, d'être mieux que ce qu'il était avant la catastrophe. Cette métaphore a pu agir comme un pont enjambant la catastrophe en allant du passé vers le futur. Pour lui, il ne pouvait être question de retrouver ce qu'il aurait pu avoir perdu, il n'avait été que témoin de la catastrophe. L'hypnose lui a permis d'imaginer et/ou d'anticiper des problèmes et de les résoudre. Il ne subissait plus, il entreprenait. Luc s'est occupé de toute l'organisation (publicités radio, journaux, affiches, logistique, service d'ordre, adressage postal, etc.) et le concert a été une réussite qui a dégagé une importante somme d'argent pour les sinistrés. Ce travail a été la démonstration de ses talents cachés jusqu'à présent. Ces ressources patentes, rassemblées dans le dossier d'organisation et les coupures de presse relatives à son concert ont été déterminantes pour son recrutement, à titre définitif, dans une compagnie d'assurance qui recherchait une personne dynamique et polyvalente ! Mais ce n'est pas tout, l'histoire est belle. Luc fit la connaissance, durant la préparation du concert, d'une étudiante en gestion qui l'aida dans ce projet. Cette jeune fille, il continua de la revoir après le concert en raison d'autres affinités. La dépression est devenue un souvenir et ses nuits très différentes ! Depuis 1992, Luc a progressé dans sa compagnie d'assurance et, l'été dernier, la relation sentimentale s'est officialisée en un mariage !

➤ *Autres situations cliniques*

La survenue récente de catastrophes naturelles ou d'attentats terroristes suscita, pour les cliniciens confrontés à de tels patients, l'analogie avec le « *shell shock* », la « névrose de guerre ». De quoi s'agit-il ? Lorsque la paix fut revenue après la Seconde Guerre mondiale, les médecins s'aperçurent que de nombreux survivants des camps de concentration, et en particulier des survivants juifs de l'holocauste, présentaient un faisceau commun de troubles physiques et psychosomatiques. Cette observation se répéta à la fin de la guerre du Vietnam au retour des vétérans aux États-Unis.

L'hypnose se caractérise par une mise en exergue de certaines capacités de conscience, une façon de ne pas être présent à la réalité immédiate. Cette caractéristique peut se révéler spontanément dans des situations aiguës de traumatisme, comme lors d'une séance de torture. Lors du procès de Klaus Barbie, une femme médecin témoigna contre son tortionnaire, elle racontait ce qu'elle avait subi et comment elle avait pu y résister. Tandis que Barbie la torturait, cette femme médecin s'est mise dans la situation d'un médecin qui examine scrupuleusement son patient pour s'en souvenir. Elle s'est appliquée à cette observation en relevant tous les détails de sa morphologie, de sa peau, de ses plis, cicatrices, etc. Cette activité mentale l'absorbait tellement qu'elle pouvait non seulement résister physiquement à la douleur, mais aussi, moralement, avoir l'espoir que sa mémoire servirait à le reconnaître quel que soit l'âge qu'il aurait dans le futur. Cette dissociation et cette projection dans le temps la protégèrent. Et le procès de Barbie put, enfin, donner raison à ses espérances.

Ces compétences de dissociation qui apparaissent spontanément aident un nombre limité de victimes à guérir. En revanche, il s'agit d'un enseignement particulièrement riche pour les thérapeutes, qui peuvent tenter de le reproduire. La position de l'hypnothérapeute est plus modeste qu'on le croit ; nous observons et nous utilisons, amplifions les processus physiologiques bénéfiques. Ces techniques indirectes permettent d'agir sur des images personnelles chargées d'émotions. Le patient, pendant la séance d'hypnose, est capable de « revivre », sans subir le traumatisme et ainsi de participer lui-même à la remise en mouvement de ce qui était resté figé.

Dans ces situations de névrose traumatique, l'hypnose ericksonienne, avec notamment ses principes d'utilisation, apparaît comme une voie prometteuse d'action sur les symptômes envahissants.

Les traumatismes crâniens et les hémiplégies

➤ « *Pouvoir sans vouloir* »

Vincent souffre d'une hémiplégie droite depuis vingt ans. Les contractures sont au premier plan, notamment, avec un spasme du côté droit du visage et une contracture extrêmement serrée du pouce et de l'index droits rendant impossible toute fonction de cette main. En raison de l'importance de la symptomatologie, Vincent, ouvrier agricole droitier, a été mis en invalidité permanente.

Les premiers signes sont apparus à l'âge de 18 ans et se sont progressivement aggravés sans que les différentes hospitalisations et traitements n'aient pu apporter une certitude quant à la cause des troubles, ni dans l'établissement d'une thérapeutique efficace.

Vincent est venu consulter sur l'initiative de sa femme, qui m'avait questionné sur d'éventuelles possibilités d'amélioration. Le traitement s'est engagé parce que l'interrogatoire permit de relever des exceptions à ses contractures, par exemple de rares apparitions d'une diminution de celles-ci le matin au lever.

En pratique, il est intéressant de multiplier les exceptions, en développant ses capacités à utiliser ses sensations au sens large du terme. S'il est conscient de ces parenthèses involontaires dans ses contractures, il ne lui est pas possible d'en prolonger la durée. Au cours des rares moments où sa main s'ouvre, Vincent a remarqué que, dès qu'il la regarde, elle retrouve sa contracture. Son attitude, qui consiste à se rendre compte, par le regard, du changement de tonus de sa main, contribue à l'augmenter et donc à faire disparaître cette souplesse nouvellement apparue. Ce contrôle n'est que surveillance et non maîtrise. Cette façon de considérer sa main de l'« extérieur » ne lui permettait pas d'accéder à la mobilité souhaitée. Le réapprentissage de relations sensorielles oubliées sera le domaine d'application de l'approche hypnotique.

Une des premières choses qui changèrent fut la contracture quasi permanente de sa paupière droite et cela d'une manière étonnamment rapide et décisive et, probablement, chanceuse. Vincent faisait beaucoup d'efforts pour tenter d'ouvrir son œil ; en fait, il essayait de l'ouvrir en élevant son sourcil comme si ce mouvement pouvait entraîner sa paupière. En revanche, ce mouvement relevait sa commissure labiale droite ! L'approche (je n'ose dire le traitement) a consisté à lui demander de fermer les deux yeux très fort puis à les ouvrir. De façon surprenante, cela suffit. La prescription était globale, paradoxale mais réalisable, la seconde partie de la proposition, également globale, utilisait le même mouvement des yeux mais dans l'autre sens.

Vincent a commencé à comprendre que les connaissances de son côté gauche pouvaient lui servir, notamment à faire confiance à certaines de ses capacités. L'ouverture de son œil droit n'a pas été radicalement définitive, mais il savait comment faire pour l'obtenir et, avec la répétition de ce geste, il acquit une ouverture telle qu'il dut changer de lunettes : en effet, en récupérant l'usage de son œil droit, il s'aperçut que celui-ci était meilleur que l'autre ! Cette amélioration le rendit plus attentif à la télévision, à la lecture du journal, plus ouvert à autrui, aux événements extérieurs à sa personne et à cette approche nouvelle de ses troubles.

> Percevant, en quelque sorte, les choses sous un autre angle, nous continuâmes ce travail d'apprentissage, et c'est suivant cet axe que le traitement s'est orienté. Sa relation au monde s'élargissant par la vision, il fallait poursuivre cette progression en s'intéressant à d'autres champs de sensations et d'actions. Il avait gardé dans sa mémoire des souvenirs agréables de vacances au bord de l'océan, et le travail d'induction hypnotique l'aida à retrouver ses sensations.

Cependant, il n'alla pas « instantanément » au bord de l'océan : le voyage se fit en auto-stop (ce qui lui paraissait amusant et plaisant), et, comme chacun sait, une telle façon de voyager nécessite qu'on lève le pouce et que l'on attende. L'auto-stop pouvait être une métaphore du mouvement attendu dans sa main, mais aucun côté n'ayant été désigné au départ, cette proposition pouvait être acceptable.

Cette technique inductive avait l'avantage d'être « dissociative », à la fois par la mise en route d'une régression en âge (vacances passées) et de l'attente de quelque chose qui conduit vers des sensations agréables (les vacances et le mouvement).

L'évocation en termes vagues et généraux de l'océan grâce au *signaling* (c'est-à-dire une technique de communication non verbale) donna les renseignements attendus, à savoir l'accès aux souvenirs agréables. Au cours de cet accompagnement où la légèreté, la fluidité de l'eau furent évoquées, une lévitation de la main gauche apparut et fut ratifiée comme un mouvement naturel et automatique. Cette sensation entraîna une surprise de la part de Vincent qui ouvrit les yeux pour se rendre compte que tout cela s'effectuait sans aucun effort.

La fameuse notion de « vouloir, c'est pouvoir », si juste et si vraie dans certains domaines, se doublait d'une signification complémentaire : « pouvoir sans *vouloir* ». L'ouverture des yeux a été, paradoxalement, encouragée afin qu'il vérifie comment, les yeux fermés, il pouvait mieux voir… à l'intérieur… Cette technique dissociative permit de diviser des certitudes inutiles pour établir d'autres liaisons plus intéressantes et créer une curiosité, une attente de ce qui adviendrait. La surprise d'effets aussi tangibles, sans commune mesure avec l'énergie déployée pour les obtenir, encouragea Vincent à poursuivre l'amélioration.

Tout au long des séances les mots de « naturel », « sans effort », « automatique » furent répétés comme ponctuation des progrès acquis. Après avoir obtenu la lévitation de la main gauche, il fut possible, grâce au *signaling* agissant à la fois comme indicateur, élément inducteur et d'approfondissement de la transe, de voir des mouvements d'ouverture et de fermeture de la main gauche. Dès lors, de manière indirecte, évoquant le progrès précédent de l'œil droit qui avait pu bénéficier des connaissances de l'œil gauche, des mouvements similaires apparurent dans la main droite.

Les mouvements obtenus ont été, tout d'abord, peu durables et de faible amplitude puis peu à peu nettement reproductibles en dehors de la séance en conservant, néanmoins, une certaine maladresse. Cependant, Vincent réussit à nouveau à serrer la main des gens pour les saluer, geste social conférant plus de présence personnelle.

Il est, je crois, important de préciser que les séances commencèrent dans un contexte de relaxation en position allongée pour évoluer vers une position assise sur une chaise devant mon bureau. Le passage de la position allongée à la position assise pouvant, dans ce cas, avoir valeur de métaphore de l'acquisition d'une meilleure autonomie.

Les autres étapes thérapeutiques visèrent successivement à restaurer d'autres fonctionnalités de sa main : boire, se servir d'un couteau, d'une fourchette. Sans entrer dans le détail du déroulement des séances, la souplesse générale des mouvements de la main et du poignet a été abordée par l'évocation de promenades en forêt dont ce patient d'origine rurale était familier, la souplesse étant évoquée par l'idée du contact de la main sur les branches, les tiges, les feuilles des arbustes rencontrés dans les sous-bois. La souplesse reconnue, au sens large, nous travaillâmes à l'élaboration de mouvements plus fins ; c'est ainsi que nous simulâmes, hypnotiquement, un repas, son déroulement complet, pour réapprendre les gestes oubliés. Redécouvrir une séquence de gestes connus et présents du côté gauche et transférer cette séquence au cours de la séance d'hypnose vers le côté droit en utilisant les sensations concrètes de confort. Exemple d'une suggestion posthypnotique indirecte.

Une autre étape importante fut celle du réapprentissage de l'écriture. Les principales techniques utilisées ont été la régression en âge et l'écriture automatique. Cette régression, avec son aide, a été située vers l'âge de 11 ans. Elle commença par l'évocation de l'ambiance scolaire, avec une école, sa salle de classe, ses bancs d'écoliers, les pupitres, puis sa propre place. Puis, la description entra de plus en plus dans le détail des sensations qui concernent l'apprentissage de l'écriture : la forme et la couleur de la trousse, la taille du porte-plume, la marque de la plume, l'odeur et la couleur de l'encre, le crissement de la plume sur le papier, le contact du papier buvard, etc.

Avant de créer ses propres mots sur du papier, et donc de courir le risque de l'angoisse de la feuille blanche, la visualisation du tableau noir sur lequel le maître a écrit la leçon économisa bien des efforts. Ainsi, simplement recopier ce qu'il « voyait » inscrit au tableau l'aida à retrouver certaines sensations tactiles associées à l'usage d'un crayon. Au début, il ne s'agissait que de quelques traits incertains, tenant plus du dessin que de l'élaboration d'une lettre, pour progressivement aboutir à la possibilité d'écrire une dizaine de lignes. Bien que la capacité de Vincent à écrire soit manifeste, elle n'en reste pas moins limitée, encore actuellement, à une vingtaine de lignes.
L'autohypnose lui sert à surmonter les contractures qui parfois reviennent. Ainsi, lorsqu'il ressent à nouveau cette gêne, celle-ci a valeur de signe pour l'inciter à retrouver un état interne de relaxation et d'équilibre droit/gauche dans ses sensations. Dans ces circonstances, Vincent évite l'erreur de tenter d'ouvrir par la force sa main droite : il la laisse telle qu'elle est. Pendant qu'il retrouve des images qui le détendent, sa main gauche prend la même position que la droite jusqu'à la symétrie des sensations ; alors sa main gauche s'ouvre et entraîne dans le même mouvement la main droite. cinq à dix minutes sont nécessaires pour parvenir à ce résultat.

Les progrès acquis par ce patient, qui reste encore malhabile dans de nombreux gestes, ont été suffisants pour lui permettre de retrouver une vie sociale plus riche et active (il peut travailler dans le cadre d'un caveau de dégustation de vin, c'est-à-dire : déboucher une bouteille, servir sans rien renverser et prendre les commandes), faire du théâtre amateur et être un conseiller municipal actif de sa commune. Le traitement s'est déroulé sur une période d'un peu plus d'un an avec des séances d'une heure, hebdomadaires au début et mensuelles à la fin.

➤ *Réapprendre à marcher*

Antoinette, 60 ans, a subi une intervention chirurgicale au niveau du tronc cérébral qui lui a laissé plus de séquelles qu'elle n'avait de signes pathologiques ! Antoinette qui estime que cette opération est un échec se déplace péniblement dans un périmètre de marche très limité (quelques mètres) avec une canne tripode lestée. Elle souffre également d'une paralysie partielle de la main droite, d'une dissymétrie thermique droite-gauche, état aggravé d'un syndrome dépressif majoré d'une rage contre les médecins

Antoinette vit cette situation avec un sentiment de dépréciation personnelle d'invalidité et de rancune contre les médecins qui, dit-elle, lui avaient promis une amélioration qui n'a pas été au rendez-vous. Dans sa vie, Antoinette a beaucoup voyagé, notamment en Polynésie, où elle a exercé son métier d'enseignante. L'évocation d'une baignade dans un lagon eut pour effet d'équilibrer ses sensations thermiques et de lui faire retrouver, dans son bras droit, la même chaleur qu'à gauche. Ce premier effet contribua à créditer la méthode et, ainsi, à approfondir la personnalisation de l'hypnose. L'approfondissement impose l'entraînement du patient à éprouver les registres sensoriels de l'expérience évoquée, de telle sorte que celui-ci ait l'impression de vivre la scène. Ainsi, Antoinette a revécu, au cours d'un après-midi en Provence, l'une de ces soirées de danse polynésienne au bord d'un lagon.

Son oreille musicale et son goût pour la danse en général lui permirent de retrouver une meilleure appréciation du corps dans l'espace et cela de deux manières. La première par le tamouré, danse traditionnelle polynésienne, qui associe des mouvements amples du bassin à une relative immobilité des pieds, la seconde par la valse où un déplacement important des pieds est accompagné d'une faible mobilité des hanches et du buste. Ces deux danses pouvaient se combiner tout d'abord en séance d'hypnose, puis comme suggestion posthypnotique chez elle. Ces nouvelles sensations d'équilibre en mouvement réussirent à lui faire abandonner sa canne tripode lestée pour une canne ordinaire d'usage intermittent.
Cependant, observation fréquente chez les patients qui ont des troubles de la marche, l'attention portée à la position debout immobile était quasi absente. Un travail hypnotique assis puis en position debout lui apprit à rester stable et à retrouver l'axe vertical de la gravité. Ce travail s'est appuyé, également, sur les expériences anciennes au bord de l'océan Pacifique où il est tellement agréable et intéressant de retrouver, sous la plante des pieds, les milliers de grains de sable que les petites vagues du lagon transforment en un tapis ferme et souple. L'empreinte des pas n'est pas seulement dans le sable de cette île lointaine, mais aussi dans sa mémoire, dans la mémoire de son corps présent, maintenant.
Ces nouvelles conditions d'équilibre, où Antoinette ressentit à nouveau la pression de ses pieds sur le sol, ramenèrent ses bras, qui avaient tendance à s'élever, le long du corps avec un mouvement de balancement automatique et améliorèrent l'allure de sa démarche. Auparavant, Antoinette marchait de façon saccadée, les bras en l'air avec le buste incliné vers l'avant, à présent sa démarche est plus lente et régulière, les bras se sont abaissés et son corps est plus droit et plus assuré.

Antoinette réapprit à marcher sans canne, un pas après l'autre, seulement un pas après l'autre. L'objectif est dans cette progressivité. Ce changement d'attitude demanda plusieurs semaines et elle fut surprise, témoignage d'une intégration inconsciente, de s'entendre dire à l'un de ses « collègues » de rééducation qui se précipitait, maladroitement, vers un espalier : « Juste un pas après l'autre ! »

> Cette rééducation « hypnotique » continua pour traiter la mauvaise coordination des mouvements de la main droite. Antoinette aime les voyages. Qu'à cela ne tienne : direction le Pacifique et les îles ! Recherche d'une île, d'une plage agréable. Justement un avion d'Air Hypnose est sur le point de décoller avec encore quelques places libres. Ici, les péripéties du voyage n'ont que peu d'intérêt, l'arrivée à destination offre plus de ressources. Quand on voyage, il est fréquent d'envoyer des cartes postales. Antoinette fait partie des adeptes de la correspondance et souscrit à cette suggestion. Dans l'approfondissement de cette réalité, elle s'installe dans une séance d'écriture automatique. Au cours de la séance, Antoinette choisit des cartes postales chez un marchand de souvenirs (!) et, en intégrant indirectement son déficit moteur actuel, je suggère que son mari les écrive et qu'elle n'ait plus ainsi qu'à les *signer*. Quel ne fut pas son étonnement de retrouver une signature conforme à ce qu'elle était avant l'opération. Quoi de plus automatique et de plus personnel qu'une signature à nouveau écrite, lisiblement, devant ses yeux, maintenant.

La signature est un geste automatique d'affirmation de soi ou de son identité, et c'est par surprise qu'elle retrouva ce qui ne l'avait pas quittée, mais dont elle ne bénéficiait plus. Ce retour de la signature contribua à faciliter la suite du traitement. La répétition de cette technique d'écriture automatique permit d'obtenir la rédaction de quelques lignes proches, également, de son écriture antérieure. La récupération de ces mouvements vient, surtout, de la création d'un contexte favorable à l'émergence de capacités latentes.

➤ *Accéder à la mémoire restée intègre*

Marc, 23 ans, a subi un grave accident de la route avec traumatisme crânien, avec fracture de l'os frontal et du toit de l'orbite gauche. Il présente d'importants troubles de la mémoire associés à une inactivité générale quasi totale avec perte de l'intérêt et de l'initiative.
Grâce au recueil d'informations auprès de ses parents, la mise en route sensitive d'activités de loisir pratiquées avant l'accident contribua au retour progressif du sens de l'orientation dans l'espace. La pratique hypnotique de la plongée sous-marine avec son espace dimensionnel spécifique aida Marc à retrouver de manière globale les sensations de mouvement de cette activité et aussi le chemin pour s'y rendre réellement !
La réintroduction concrète de la réalité physique, la plongée sous-marine, à la suite de la réalité virtuelle, renforça l'ancrage de ses souvenirs. Il en fut de même pour le sens de l'équilibre à bicyclette et des repères physiques qui guident une promenade de son point de départ jusqu'à son arrivée, tout d'abord accompagné de son père puis tout seul.
Les difficultés mnésiques et d'apprentissage, relevées au début, s'amendèrent suffisamment pour qu'il puisse occuper un emploi de magasinier dans un supermarché auquel il se rend, maintenant, avec sa propre voiture. Il n'est certes pas comme avant, mais cette autonomie lui permet d'assurer un travail et de participer à la vie sociale avec ses amis retrouvés.

Céline, 24 ans, a été, elle aussi, victime d'un accident de la voie publique avec traumatisme crânien. Ses troubles portent principalement sur la marche qui est assurée par deux cannes tripodes lestées. Cette jeune femme, très vive, lutte avec effort pour se tenir droite et marcher. De la vie qui a précédé son accident, elle garde un sens de l'humour suffisant pour accepter les surprises. Notamment celle de retrouver l'occasion de danser, à nouveau, même dans un cabinet médical !

Le twist était l'une de ses danses préférées. Son corps en avait gardé le rythme en mémoire et la reviviscence de ces mouvements automatiques soutint son corps en équilibre et en mouvement *sans* ses cannes lestées. Cette légèreté renaissante affina la taille des cannes et accéléra sa marche.

Lorsqu'on évoque des sensations agréables auxquelles se rattachent des émotions positives, il est surprenant de voir apparaître des manifestations physiques parallèles. Mais ce travail présenté rapidement ne doit pas faire croire que tout cela va de soi. Il est nécessaire d'observer longuement le patient et de suggérer des hypothèses, un chemin inhabituel où le patient retrouve simplement quelque chose qu'il a oublié qu'il sait déjà faire ! Par exemple, le sens du rythme.

Les déficits actuels conduisent le patient à adopter des mouvements qui, souvent, altèrent la fluidité du naturel. L'hypnose l'aide à être présent à cette mémoire restée intègre, inscrite ailleurs que dans ses fonctions supérieures et intellectuelles. Cependant, accéder à cet ailleurs qui fera, pragmatiquement, référence est une tâche de longue haleine.

Accouchement et hypnose

L'hypnose présente de nombreux intérêts en obstétrique, dans *la préparation et le déroulement de l'accouchement*. Armelle Touyarot, sage-femme et hypnothérapeute, utilise l'hypnose au cours des différentes étapes suivantes :

- L'acceptation de l'accouchement.
- Apprendre ce qu'est une contraction utérine et les façons d'appréhender sa durée et son intensité.
- Le stress avec ses composantes douloureuses, anxieuses et physiques de fatigue.

- La relaxation.
- La projection dans le futur après l'accouchement.

Ce travail, idéalement commencé dès le quatrième mois de grossesse, aide les femmes à participer plus activement à ce moment privilégié de leur vie.

Problèmes sexuels et hypnose

Joëlle Mignot, sexologue, parle de la place de l'hypnose comme une « voie à double sens », qui tente de réconcilier le réel de la relation sexuelle à la dimension imaginaire et créative de la sexualité. La restauration de la conscience du corps avec son image et les sensations qui lui sont associées seront les principales directions de ce travail.

Une identité englobant la sexualité au sein d'une sensorialité animée par des émotions reconnues contribuera au rétablissement d'un libre choix relationnel.

Les indications en sexologie sont principalement :
- chez la femme, les troubles du désir, la frigidité, le vaginisme,
- et chez l'homme, les difficultés d'érection et l'éjaculation prématurée.

Jennifer, 24 ans, avait déjà consulté auparavant pour des troubles anxieux associés à une insomnie. Elle vit depuis plusieurs années une homosexualité en couple, mais une crise relationnelle a remis en cause ce choix. Depuis lors, le désordre le plus grand règne dans sa vie tant personnelle, affective que sexuelle. Doutant de son homosexualité, Jennifer s'est lancée, à titre exploratoire, dans de multiples relations masculines simultanément, c'est à ce moment-là qu'est apparu le symptôme pour lequel elle consulte : une douleur vaginale lors du rapport sexuel. Douleur qu'elle ne comprend pas, comparant ce rapport classique à la sodomie qu'elle dit pratiquer sans désagrément. La crise est marquée : syndrome dépressif, anxiété, vaginisme, troubles de l'identité. Je ne parlerai que des troubles sexuels en relation avec ses troubles de l'identité. Cette patiente ayant donc consulté auparavant, c'est à partir des séances antérieures que l'hypnose est reprise pour retrouver un calme propice au choix, notamment des partenaires, voire du partenaire privilégié.

L'imaginaire de Jennifer a développé le paysage onirique d'une maison entourée de prairies rouges. La suggestion proposée consiste à construire une palissade en conservant un grand jardin autour de cette maison et, détail important, d'accrocher à côté de la porte d'entrée le panneau « Propriété privée » pour écarter les indésirables et choisir ses invités.

Cette clôture identitaire qui s'ouvre et se ferme en fonction du désir et du choix de la propriétaire se traduit par des changements structurants. Le nombre de ses amants se limite maintenant à une seule personne qui accède à son intimité sans douleur. Une représentation de son corps et de son intégrité avec ses limites lui est, à nouveau, accessible pour faire ses choix plus sereinement.

Julie, 24 ans, mariée, vient consulter pour douleur lors des rapports sexuels. Le contexte familial est important pour situer sa souffrance et tenter de proposer une thérapie qui s'intègre à son écologie familiale. Julie est adventiste du Septième Jour tout comme son mari, sa famille et sa belle-famille. La morale religieuse qui imprègne cette famille explique ou tout au moins éclaire ses douleurs et permettra de les atténuer. Avant d'être mariée, Julie était fiancée avec un autre homme, lui-même membre des adventistes du Septième Jour. Leur mariage était prévu, mais son fiancé se montrait d'une telle violence verbale et physique dans les relations sexuelles que Julie rompit ses fiançailles. Par cette décision, elle rompait aussi un engagement moral qui avait quasiment valeur de mariage et qui la dépréciait aux yeux de sa communauté religieuse. Mais il lui était difficile d'avouer des relations sexuelles en dehors des liens du mariage et cette honte aggravait sa culpabilité.

Ainsi, Julie se trouve-t-elle dans une situation paradoxale de violence à la fois physique, morale et psychologique. Elle se sent coupable d'avoir transgressé, même par la force, l'abstinence sexuelle et d'avoir rompu un engagement, sans raison moralement défendable au regard de son contexte familial. Circonstance aggravante personnelle, elle nourrit haine et rancune contre son fiancé, sentiments qui lui sont insupportables au nom des principes de charité et de pardon propres à sa religion. Prisonnière de sa douleur, de sa honte et de sa culpabilité, elle réussit, malgré tout, à nouer des liens affectifs avec un autre jeune homme plus conforme à la tendresse qu'elle attend d'un époux. Cependant, l'ex-fiancé dépité sape toutes les tentatives de réinsertion dans la communauté religieuse en distillant médisances et calomnies, condamnant ce couple à une sorte d'exil moral intérieur. Au cours de leurs relations sexuelles, Julie « voit » surgir son ex-fiancé dont le visage ricanant prend la place de celui de son mari, provoquant douleur, angoisse et culpabilité. Leur intimité est contaminée par la reviviscence du traumatisme sexuel et moral.

Après l'exposé de la situation, la première tâche est de reconnaître la légitimité de sa colère contre son agresseur et de lui montrer que ce constat n'est en aucun cas un encouragement à le poursuivre de sa rancune. Cette patiente vit les entrelacs contradictoires de ses émotions. Le présent avec son mari subit les effractions du passé : la reviviscence répétée des scènes de violence sexuelle. L'apparition, la pénétration de son ex-fiancé dans son esprit entraînaient aussitôt angoisse et douleur dans son corps. Toute cette souffrance était reliée à l'ex-fiancé par la culpabilité d'éprouver, aussi, de la rancune contre cette personne. Pour mettre un peu d'ordre dans ces turbulences, il fut nécessaire de s'appuyer sur les convictions religieuses de ce couple. En effet, d'une consultation individuelle, la thérapie s'est élargie au couple. La thérapie devait tenir compte des symptômes de la patiente, du retentissement de ceux-ci dans le couple et de la place du couple dans la communauté religieuse. Les notions de pardon et de tolérance ont donc été privilégiées. Inclure le mari dans la consultation permettait de changer la nature du symptôme et ainsi de pratiquer un recadrage déculpabilisant. Le deuxième temps a consisté, pour Julie, à reconnaître et accepter sa rancune, voire sa haine, comme légitime en tant qu'être humain faible et corruptible par nature, mais aussi, grâce aux enseignements religieux reçus, à devenir meilleure. Cette rancune pouvait lui être utile, sur le plan spirituel. Donner le pardon lui permettait de s'accorder avec ses convictions religieuses et de dissoudre cette culpabilité de n'être pas une bonne pratiquante. Pour que cette dynamique s'intègre à la fois au niveau de Julie et de son couple, une tâche a été prescrite, celle d'écrire une lettre, conjointement, à l'ex-fiancé pour lui parler d'amour, des différentes sortes d'amour — l'amour filial, paternel, maternel, fraternel, conjugal, physique, spirituel, l'altruisme, etc. —, d'argumenter ces propos sur des citations bibliques et de ne pas oublier que certaines formes d'amour sont impossibles, car de nature paradoxale (est-il possible qu'un homme ou une femme puisse aimer, sincèrement, un conjoint sur ordre ?). Elles ouvrent alors sur d'autres alternatives telles que l'estime, le respect, la tolérance. Durant l'entretien, Julie et son conjoint, quelque peu éloignés sur leurs sièges, se rapprochent progressivement, s'inclinant l'un vers l'autre comme s'ils se penchaient sur la feuille de papier qu'il fallait écrire ! Leur attention sur les possibilités d'arrêter le processus pathogène les apaisait.

Cette approche a permis de dissocier les émotions du souvenir, et le souvenir de l'événement. Le rapprochement physique du couple au cours de la consultation augura d'un apaisement émotionnel et d'une meilleure intimité sexuelle ultérieure. Le processus pathologique de double lien s'est dénoué et le paradoxe a disparu. Un simple lien ou un lien plus simple les a dès lors unis.

L'arrêt du tabac avec l'hypnose

Dans toutes les pathologies addictives, la motivation du patient est un facteur déterminant. Il existe différentes méthodes hypnotiques pour arrêter de fumer : quelques-unes se fondent sur des aspects répulsifs du tabagisme auxquels on substitue les bénéfices escomptés par l'arrêt de celui-ci. Ma préférence va à la méthode suivante.

Après avoir éliminé une pathologie cachée par le tabagisme qui devra être traitée avant toute tentative d'arrêt, voici les grandes lignes de cette méthodologie.

➤ *Première étape du sevrage tabagique*

• *Prendre le fumeur là où il en est, c'est-à-dire fumeur.* Il ne va pas changer tout de suite, il va continuer de fumer et c'est ma première prescription. Il m'arrive de la rédiger sur une ordonnance de la manière suivante « Contre-indication, actuelle, à l'arrêt du tabac » afin de diminuer la pression de l'entourage et surtout diminuer une éventuelle culpabilité.

• *L'inciter à s'observer.* Le premier étonnement passé, j'assortis cette prescription de quelques dispositions. Il ne s'agit en rien d'encourager à fumer, mais de constater un fait qui ne va pas changer par miracle (cela se saurait et, par nature, resterait exceptionnel !). Le patient va s'accorder du temps, il va se mettre en accord avec lui-même en fumant sans jugement moral. Les modalités d'accompagnement incitent le patient à observer comment il fume en divisant, schématiquement, ce geste en trois circonstances : geste de plaisir, comportement parasite associé à une autre activité par exemple, au téléphone, attitude émotionnelle pour se calmer quand on est « énervé ».

Cette période d'observation modifie la position du fumeur. Il est moins dans la situation passive dans laquelle les cigarettes sont fumées par lui et passe à la position où il fume, délibérément, ses cigarettes. Le choix de changer devient possible et la motivation sera maintenant plus efficace. L'attention portée à son geste l'aide à se réapproprier ses cigarettes. Le fumeur reprend la main ; à tout moment il peut choisir de fumer ou d'écraser sa cigarette. Premier gain de liberté. Cette phase préparatoire d'attention est importante car elle permet souvent au fumeur de réduire sa consommation sans faire appel à sa volonté. Décider est affaire d'attention et non d'énergie.

Au cours de cette période, l'hypnose utilisera des techniques de relaxation, de remémorisation de sensations agréables, de distorsion du temps (diminution de la durée des passages pénibles, augmentation de la durée des expériences plaisantes). Cette préparation contribue à améliorer l'état global du patient afin qu'il puisse passer à la seconde étape : l'arrêt du tabac. La période préparatoire sera de durée variable et aura pour objectif d'aider le fumeur à se centrer sur lui-même. Arrêter de fumer est une décision qui ne regarde que lui-même et éventuellement un professionnel. L'entourage et la pression sociale sont rarement des soutiens. C'est pourquoi, dans la mesure du possible, je recommande aux fumeurs de ne pas parler à leur entourage de leur tentative pour éviter les questions ou commentaires inopportuns.

➤ *Seconde étape*

Renforcé par ces premiers changements, le fumeur passera plus aisément à la *seconde étape d'arrêt radical du tabac*. L'hypnose interviendra pour augmenter la capacité d'attention du fumeur. En référence à la règle d'unité de temps, de lieu et d'action, nous suggérerons, indépendamment du contexte personnel du fumeur, la phrase suivante : « Aujourd'hui, je ne fume pas. » Cette suggestion propose une action précise dans un temps bien délimité et assez court afin d'être facilement contrôlé pour obtenir un petit résultat. Évidemment, à l'instar du célèbre « demain, on rase gratis », cette suggestion est à réactualiser chaque jour. Il existe une différence de formulation entre « aujourd'hui, je ne fume plus » et « aujourd'hui, je ne fume pas », l'implication d'énergie est plus accessible dans la seconde proposition. Deux ou trois lettres suffisent à changer le rapport au temps et à l'action.

Ces principes généraux donnent de bons résultats chez des fumeurs motivés. Il est difficile de dire si les résultats sont meilleurs que d'autres méthodes, cependant, la position active d'attention du fumeur au cours de ce travail a souvent des effets dans d'autres secteurs de sa vie. Tel fumeur responsable syndical rapporte avoir transposé ce travail de sevrage tabagique à la négociation du passage aux 35 heures dans son entreprise. Sa présence à la cigarette, sa présence à la table des négociations, séparant les émotions des enjeux, jusqu'à l'obtention de l'accord salarial lui permirent de laisser les cendriers pleins, pour ne plus en remplir, en quittant la salle des débats.

Les enfants et l'hypnose

L'hypnose s'adapte facilement aux enfants qui ont la faculté naturelle de jouer. Le monde de l'imaginaire leur est proche et accessible. Les tableaux magiques, les animaux qui parlent, les héros de bande dessinée sont autant d'intermédiaires ou d'amis pour les aider à guérir.

➤ *Les indications*

L'hypnose peut leur permettre de soigner leur énurésie, leurs frayeurs nocturnes, les difficultés scolaires, faciliter les soins dentaires, traiter des dysfonctionnements familiaux et d'autres troubles moins fréquents.

Bien entendu, les enfants sont malheureusement susceptibles de souffrir des mêmes affections que les adultes, dont les plus graves. L'hypnose les accompagnera dans leur parcours thérapeutique classique pour en atténuer les effets secondaires, améliorer l'observance du traitement et contribuer à la prise en charge psychologique.

➤ *Histoires d'enfants*

Nina, 10 ans, la traversée qui n'en finit pas

Nina est une petite fille de CM2 qui arrive avec des troubles étiquetés comme des hallucinations, une « spasmophilie machin chose », une angoisse, des troubles de l'équilibre dont l'origine, selon certains thérapeutes vus précédemment, est à rechercher dans le passé où quelque chose de grave s'est certainement déroulé et qui éclairerait ces symptômes.

Que s'est-il passé ?

Tout a commencé lors d'un voyage scolaire aux îles d'Hyères. Au cours de la traversée du retour, la mer était mauvaise, le mistral soufflait et les vagues très fortes se soulevaient de tous côtés. Cette tempête a rendu malades presque tous les adultes et les enfants présents sur le bateau, sauf Nina qui n'en était pas pour autant moins impressionnée.

Arrivé à quai, le bateau libéra de cette tempête menaçante ses jeunes passagers. Et c'est à partir de son retour à terre que Nina se mit à se sentir mal, angoissée, à se plaindre de douleurs abdominales et à voir « de travers ». Mais, malheur à elle, ces plaintes ont été interprétées par l'institutrice de garde comme une comédie qui devait cesser sous peine de sanction.

Les trois coups étaient frappés, les acteurs entrent en scène. Côté cour, les adultes enseignants omnipotents et omniscients, côté jardin, une jeune enfant sensible et inquiète que l'on n'écoute pas et avec laquelle le dialogue se résume à la menace punitive.

Les actes de cette triste farce ont vu différents personnages (enseignants, psychologue, médecin) intervenir en une escalade de renforcement mutuel sur la vraie nature de ces troubles : caprices et mauvaise volonté aggravant des difficultés anciennes. Ce scénario n'a pas eu la faveur de la critique familiale.

Heureusement, ces troubles n'empêchent nullement Nina d'exercer ses capacités artistiques en dessin (elle est capable de dessiner à main levée différents personnages aux silhouettes proportionnées avec des expressions variées) et en musique (texte et composition musicale). Mais ces capacités sont innées, Nina ne connaît rien à la technique graphique ni au solfège.

Quand elle arrive en consultation, outre l'anxiété, le symptôme principal consistait à voir les couloirs, les objets et les gens penchés sur le côté !... Mais cela n'occasionnait pas de chute ni de perte d'équilibre. La nuit, la même chose se reproduisait sous la forme de cauchemars, avec retour de la tempête et du bateau.

L'approche hypnotique a permis d'admettre que Nina n'avait pas quitté le bateau et que l'on n'avait pas reconnu sa peur comme authentique, la figeant dans un tourbillon d'émotions et de sensations qui ne trouvaient ni place, ni axe, ni temps.

Finir la traversée et accoster pour calmer l'angoisse ont représenté le traitement.

Outre certaines explications suggestives en direction de la mère, très angoissée, qui assistait à la séance, l'approche principale a consisté à replacer Nina sur le bateau en question, à légitimer sa grande peur et à faire accoster tranquillement le bateau. Et à s'apercevoir comme il est naturel aussi de sentir le quai, pourtant immobile, bouger sous les pas. Une impression gênante, peut-être, mais

normale qui va peu à peu s'estomper au fur et à mesure que l'on s'éloigne du port et n'être plus qu'un souvenir désagréable.
Dans le même temps, je me suis livré à un petit cours sur la perspective et notamment dans un domaine qui étonne toujours les petits et les grands : les anamorphoses. Une anamorphose est une déformation des règles de la perspective où les proportions ne sont plus respectées. Il existe différentes formes d'anamorphoses, celle proposée ci-après est une anamorphose oblique qui nécessite d'être observée sous un angle précis. D'autres exemples sont visibles le dimanche à la télévision ; il suffit de regarder une retransmission d'un match de rugby important. L'en-but est une surface où les essais se marquent et aussi où la publicité augmente ses scores en peignant sur la pelouse des logos de sociétés. Il est « amusant » de constater comme ces logos peints sur une surface horizontale apparaissent verticaux quand la caméra pointe son objectif sur eux. Le contraste est saisissant quand se combinent les différents axes au moment où les joueurs semblent courir à travers une image verticale qui est pourtant horizontale ! Les anamorphoses présentées ce jour-là en consultation étaient tirées d'un livre pour enfants. Elles ont permis à Nina d'apprendre quelques notions supplémentaires sur les déformations des perspectives et des silhouettes. Ses dispositions pour le dessin ont pu lui faire découvrir, grâce ou à cause de cette traversée mouvementée, de nouvelles notions de perspective, également, au sens d'un nouvel horizon.

Aujourd'hui, Nina dont le passage en classe de sixième était menacé, a été admise au collège et a trouvé le métier qu'elle veut exercer, artistique et carré, celui de commissaire-priseur. Mais le métier de chanteuse ne lui déplairait pas.

Cédric, la migraine ou la prise de tête ?

Cédric a 9 ans. Au téléphone, lors de la prise de rendez-vous, sa mère m'avait indiqué qu'il souffrait d'intolérables migraines depuis des années. Le jour de la consultation, la famille au grand complet, le père, la mère, le jeune frère et mon futur patient Cédric,

Anamorphose
Erreur, coquille, trouble de la vision ou découverte amusante de la géométrie, voire plus si affinités ? Session de rattrapage en annexe.

se présente. Lorsque plusieurs personnes de la même famille viennent ensemble, il est intéressant d'observer qui entre dans le bureau de consultation. La présence de tierces personnes donne de précieux éléments d'information pour apprécier le contexte général dans lequel évolue une pathologie. En l'occurrence, toute la famille se décide à entrer, laissant à Cédric le soin d'occuper la place centrale (médiane ?), tandis que le reste de la famille se répartit en arc de cercle derrière lui. Une consultation commence toujours par des présentations plus ou moins formelles qui permettent d'établir une relation minimale. L'ambiance était lourde, les parents arboraient le visage sombre du pessimisme. La consultation allait être probablement difficile et la prudence s'imposait. En attendant, je continue d'interroger Cédric sur son âge, ses activités de vacances (nous étions en juillet), comment il trouvait la région, etc. avant de poser une question qui a toujours un certain intérêt pour apprécier la relation parents-enfants : « Sais-tu pourquoi tu es ici ce matin ? » « Oui, parce que j'ai des migraines », me répond-il. Et nous engageons le dialogue suivant :

« — Est-ce que tes crises de migraine sont très fortes ?

— Oui, très, très fortes.

— Et elles durent longtemps ?

— Oui !

— Combien de temps ?

— Trois minutes !

— Par jour ou par crise ?

— Par jour. »

Sa réponse m'interloqua et un coup d'œil à la famille qui avait assisté à cet échange de questions-réponses me conforta dans la prudence. L'annonce des trois minutes par jour de douleur ne les avait pas fait bouger. Je dirais même qu'au contraire ils paraissaient plus sombres et figés dans un silence douloureux.

Je crus bon de parler d'autre chose. À nouveau, la conversation tourna autour des vacances, des balades et des baignades à la rivière. Une diversion pour observer les positions respectives des uns et des autres et pour chercher une nouvelle incidence.

« — Au fait, est-ce que tu as remarqué s'il existait des circonstances dans lesquelles la crise arrivait ?

— Oui, quand je fais quelque chose de mal ! »

Magnifique réponse qui aurait pu nous entraîner dans une discussion longue et animée sur les valeurs du bien et mal et de la lutte qui, sans cesse, les oppose. Non sans avoir, au préalable, défini clairement ce qu'est le bien, ce qu'est le mal et ceci sans aucune ambiguïté. Ces nécessités nous auraient certainement permis, aux uns et aux autres, de mieux nous connaître et d'avancer dans la voie raisonnable et raisonnée d'un dialogue sur nos convictions réciproques. D'un point de vue pratique, Cédric a toujours mal à la tête et, probablement, il partage et/ou subit les mêmes valeurs que ses parents. La discussion sur ce sujet me parut inappropriée au contexte thérapeutique, et je préférais botter en touche en détournant la conversation sur l'école. Les questions portaient sur la classe dans laquelle Cédric allait entrer et sur ce qu'il avait appris jusqu'à présent. Les questions stupides qui vont suivre ont pour but de distraire l'attention et de la fixer en même temps en générant l'interrogation suivante : « En quoi ces questions ont-elles un rapport avec le problème pour lequel nous sommes venus consulter ? » Patience.

En matière de questions, peut-être stupides, il s'agissait pour moi de savoir si Cédric savait lire l'heure. Sa réponse affirmative m'enhardit au point de lui demander s'il savait combien il y a d'heures dans une journée. « 24 » fut sa réponse que je validais. De plus en plus difficile : « Combien de minutes dans une heure ? » « 60. » Devant ma satisfaction après ces deux bonnes réponses, Cédric se détendit. Maintenant de plus en plus dur. « Combien de minutes dans une journée ? » Là, pour compter, il nous fallut, à l'un et à l'autre, tout d'abord nos doigts, puis du papier et un crayon, et finalement, comparer les résultats obtenus avec ceux d'une calculette. Pendant ce temps-là, les parents regardaient, un peu effarés, ce dialogue s'apparentant plus à des devoirs de vacances (quoique !) qu'à une consultation qui aurait dû être proportionnellement aussi sérieuse que la douleur l'exigeait. Las. Après avoir vérifié que Cédric avait une nouvelle fois trouvé la bonne réponse (1 440 minutes) nous changeâmes d'opération. Après avoir repris les paroles de Cédric concernant sa très forte migraine pendant 3 minutes quand il fait quelque chose de mal (ce

qui ne surprend toujours pas sa famille qui acquiesce), je passe à d'autres calculs.
« — Alors, Cédric chaque jour tu as une migraine de 3 minutes parce que tu as fait quelque chose de mal ?
— Oui.
— Bien ! Alors maintenant, tu vas compter combien il existe de minutes par jour où tu fais quelque chose de bien.
— 1 440 – 3 = 1 437 minutes par jour.
— 1 437 minutes par jour pendant lesquelles tu fais de bonnes choses ! »
Un sourire apparut sur son visage, quelque chose avait changé pour lui. Pas pour les parents qui restaient fermés à cette manière de lire l'heure.
La consultation suivante confirma la mise à l'heure par une absence de migraine durant l'intervalle. Quelques mois plus tard, la mère de Cédric prenait rendez-vous pour elle, Cédric n'avait plus de migraine et elle voulait me parler d'elle. Mais ceci est une autre histoire.

Sonia 12 ans, somnambule

Depuis quelques mois, Sonia présente un comportement anormal. De retour de l'école, après avoir goûté, Sonia entre dans un état de « somnambulisme » au cours duquel elle fait des actes incohérents : placer un verre rempli de vin dans l'aquarium, l'entourer de ruban adhésif, déplacer des objets d'une pièce à l'autre sans raison, etc. Une sorte de perte de conscience ou d'état second, dans lequel elle est coupée du monde, apparaît en fin d'après-midi. Ces crises peuvent durer jusqu'à deux heures et se renouveler tous les deux ou trois jours. Les explorations neurologiques ne découvrent aucune cause somatique qui expliquerait ces comportements. J'insiste alors sur le caractère normal, quoiqu'inhabituel de son état. Un sourire apparaît sur son visage.
La mère précise les diverses tentatives thérapeutiques infructueuses. Ces approches essayaient de faire parler Nina sur ses crises qui ne lui laissaient aucun souvenir, dialogue de sourds-muets. Son état ne présentait pas de danger immédiat, mais engendrait une

grande inquiétude chez elle et dans sa famille. Cependant, des rémissions existaient quand elle passait des vacances chez son père (ses parents vivent séparément). À nouveau, je rappelle le côté bénin des troubles en insistant sur leur réversibilité qui est de bon augure. La mère précise alors que dès la rentrée les crises ont réapparu. Une psychologue rassure toute la famille sur la bénignité du trouble et encourage les parents à intervenir directement auprès de Sonia pour la faire sortir de cet état en lui parlant et la touchant. Cette attitude apporte des résultats significatifs, mais les crises continuent de se reproduire sans éclaircissement quant à leur déclenchement. Quoique. Sa mère a remarqué que ces comportements ont débuté quand Sonia restait seule à la maison et surtout quand elle était contrariée. Un aménagement de l'emploi du temps des parents n'améliore qu'en partie les choses.
L'histoire est racontée par la mère, accompagnée de son deuxième mari. Sonia se tient dans une position renfermée, silencieuse et triste. Des absences, du silence qui attirent l'attention sur la difficulté de communiquer, métaphore non verbale classique. Métaphore pour métaphore, je lui en propose une autre. Souvent, on quitte la maison, le matin, en éteignant la radio, calée sur sa station préférée. Le soir, au retour, on rallume la radio et des crachouillis sortent des haut-parleurs. Que se passe-t-il ? Commençons par envisager des causes bénignes. La radio est-elle bien branchée ? Les piles sont peut-être usagées ? Tout est en ordre, la radio marche bien. Et ça ne marche pas. C'est peut-être une question de réglage. Le chat ou un geste maladroit aura fait tourner le bouton des stations, peut-être. Elle sourit. Cette anecdote l'intéresse. Sa mère reprend la parole pour relater une crise plus forte que d'habitude, au décours de laquelle Sonia reconnut avoir été contrariée par ses grands-parents maternels qui critiquaient son père et lui avaient fait promettre de n'en rien dire. Le poids des secrets de famille… Les adolescents ont souvent un sens aigu de la loyauté à la parole donnée et de la justice, avec souvent une certaine intransigeance qui n'a pas été arrondie par la nécessité des compromis, discipline dans laquelle excellent les adultes. Le piège dans lequel est tombée Sonia

est celui de la compromission. Pénible situation morale qui la met devant un choix impossible, une violence morale. Comment rester loyale, ne pas trahir sa parole donnée (extorquée ?) qui la condamne à taire une injustice faite à son père qu'elle aime ? Une double violence, un paradoxe dans lequel toutes les réponses sont mauvaises. L'explication a, probablement, échappé à Sonia, mais pas le fait que soit reconnue sa loyauté du respect de la parole et son sens de la justice. Sa mère se rappelle lui avoir conseillé de ne pas voir les agissements de ses grands-parents ! Ce qui revient à aggraver la situation. La mère ne voulait pas se brouiller avec eux, perdre une maison pour les vacances, une piscine, etc. Mélange des genres ? Je conseille à la jeune fille une attitude contraire : observer ses grands-parents, en lui faisant remarquer qu'ils portent la responsabilité de leurs paroles. Ils doivent être loyaux avec leurs propres paroles, les assumer et ne pas demander aux enfants de devenir leurs complices.

Le réglage de la radio est maintenant plus fin et Sonia sourit à nouveau en trouvant que la bonne station était accordée. Un climat émotionnel intense a associé deux valeurs de façon anormale, la laissant stupéfaite et saisie, bouche bée, silencieuse.

Les parents et Sonia repartirent avec chacun un « poste de radio » à régler. Une meilleure écoute est devenue possible et les absences « somnambuliques » ont disparu. La suite a confirmé une meilleure compréhension mutuelle : Sonia est à nouveau présente à sa vie.

Soins palliatifs et hypnose

L'introduction de l'hypnose en soins palliatifs est récente en France : l'un de ses pionniers, le Dr Deronzier, a introduit dans son service cette technique à Vaison-la-Romaine. Il a fait une place à l'hypnose pour permettre de diminuer l'emprise chimique des médicaments sur les patients. Ces patients en fin de vie souffrent de troubles anxieux liés à leur pathologie, mais aussi associés à l'imminence de leur mort. L'approche hypnotique complète les apports des médications sur la douleur physique et s'avère un soutien psychologique d'importance pour aider les patients à mourir en leur permettant de lâcher prise et accepter de partir.

Les principales indications de l'hypnose

Neuro-psychiatrie : migraines, céphalées, insomnies, tics, anxiété, certaines dépressions, phobies, troubles obsessionnels compulsifs, attaques de panique, névroses traumatiques, anorexie, boulimie, alcoolisme, agressivité, troubles de la mémoire, stress.

Psychothérapie : troubles relationnels familiaux ou professionnels, deuils, angoisse, préparations aux examens.

Douleur : aiguë et chronique (migraines, brûlures, zona, membre fantôme, névralgies, etc.).

Anesthésie : traitement de la douleur dans le cadre de la chirurgie.

Pathologie cardio-vasculaire : les composantes psychologiques de certains troubles du rythme cardiaque, hypertension essentielle.

Dermatologie : eczéma, zona, psoriasis, pelade, prurit.

ORL : vertiges, acouphènes, dysphonies, toux spasmodiques.

Appareil respiratoire : asthme.

Appareil locomoteur : rééducation d'hémiplégies, de traumatismes crâniens, douleur.

Gynécologie-obstétrique : approche psychologique dans le traitement de la stérilité, préparation à l'accouchement.

Sexologie : frigidité, dyspareunie, impuissance, éjaculation prématurée, troubles de la libido.

Pédiatrie : asthme, troubles du sommeil, eczéma, énurésie.

Gastro-entérologie : ulcères gastro-duodénaux, les composantes psychologiques des troubles du transit, colites, recto-colite hémorragique, maladie de Crohn.
Traitement anti-tabac.
Médecine sportive : préparation aux compétitions.
Soins palliatifs.
Soins d'urgence.
Art dentaire.

CHAPITRE 5

L'éthique ou la vérité sur l'hypnose ?

« La véritable profondeur de l'homme, c'est sa hauteur. »

Franz KAFKA

Qui peut pratiquer l'hypnose ?

Pour nous la question implicite est : qui peut pratiquer l'hypnose *pour soigner* ?

Tout d'abord ceux dont c'est la fonction et qui ont au préalable une formation reconnue, c'est-à-dire les médecins de toutes spécialités, les psychologues, les dentistes, les infirmières, les kinésithérapeutes, les orthophonistes et les sages-femmes.

Cette liste est limitative et indique que les techniques hypnotiques sont réservées à des professionnels de la santé qui ont une connaissance, à des degrés divers, de la médecine, de la psychologie et des pathologies qui s'y rattachent. Il est impératif d'avoir des compétences dans ces domaines afin d'être en mesure de poser un diagnostic, d'entreprendre des investigations utiles et de préciser l'indication de l'hypnose pour éviter au patient de perdre du temps. Pratiquer l'hypnose ou les psychothérapies qui en découlent ne dispense pas d'une approche classique. Elles peuvent d'ailleurs se compléter. Je le rappelle, l'hypnose n'est pas une panacée.

Autre précision, la pratique de l'hypnose n'élargit pas le domaine de compétences du professionnel de santé : l'hypnose augmente les capacités d'action dans ce domaine. Ainsi, une infirmière ne sera pas en mesure de traiter une dépression, mais elle sera plus efficace dans le traitement de la douleur lors de pansements répétés et difficiles ou encore comme aide-anesthésiste au bloc opératoire. Une sage-femme améliorera la qualité des accouchements dont elle s'occupe mais ne pourra pas davantage qu'avant traiter des phobies, etc.

L'hypnose est un outil supplémentaire à la disposition du professionnel dans les attributions pour lesquelles il est déjà habilité.

La formation des professionnels à l'hypnose

Actuellement en France, la formation est principalement assurée par des praticiens expérimentés au sein d'associations professionnelles, en dehors d'un enseignement officiel. La pratique de l'hypnose est libre et aucune réglementation juridique ne la régule. C'est ce qui explique que l'hypnose de spectacle soit florissante ou que de pseudo-hypnothérapeutes puissent sévir.

L'enseignement de l'hypnose dure en général deux à trois ans. Trois étapes se succèdent :

- la première met l'accent sur la technique hypnotique ;
- la seconde sur son application clinique ;
- et la troisième supervise cette mise en place.

Les associations professionnelles se rattachent à d'autres organisations. Ainsi, certaines associations, sous le nom d'Institut Milton-Erickson (voir liste page 270), sont membres de la fondation Erickson aux États-Unis, d'autres participent des organisations internationales comme la Société européenne d'hypnose ou la Société internationale d'hypnose. Les affiliations ne sont pas exclusives et peuvent être multiples. Pour encourager l'hypnose de langue française, la Confédération francophone d'hypnose et de thérapies brèves a été créée en 1996. Elle regroupe dix-huit associations (liste en annexe) au Québec, en Belgique, Suisse et France et, à l'instar des autres associations internationales, elle organise régulièrement un forum avec publication des communications. Cette organisation a un double but :

- d'une part renseigner le public sur l'intérêt de l'hypnose thérapeutique avec un annuaire général de professionnels formés ;
- et d'autre part informer les professionnels sur des formations, congrès et publications.

Existe-t-il des dangers à la pratique de l'hypnose ?

L'hypnose en elle-même ne présente ni dangers ni vertus. Elle est physiologique par nature. Le danger proviendra de celui qui l'utilise, autrement dit, de ses intentions, ceci s'applique d'ailleurs à toutes techniques relationnelles ou non. Néanmoins, il convient de le mentionner à nouveau pour éviter la mauvaise foi d'un thérapeute incompétent ou malveillant (s'il est malveillant, peut-il être thérapeute ?).

Les dangers éventuels sont liés au non-respect de la bonne indication. Toute utilisation de l'hypnose pour trouver la vérité ou prouver quoi que ce soit est une escroquerie. C'est ce que nous verrons dans le chapitre traitant des personnalités multiples où la conviction du thérapeute induit des faux souvenirs d'abus sexuels dans l'enfance.

Maintenant, dans l'hypothèse où l'indication a été bien posée, quels sont les risques auxquels s'expose le patient ? Le seul risque est l'utilisation de l'hypnose par un thérapeute incompétent. Mais, entendons-nous bien, l'incompétence porte sur la connaissance de la pathologie et de la psychopathologie. Une carence dans ces domaines se retrouvera dans la pratique hypnotique et la mauvaise appréciation diagnostique initiale ne sera pas rectifiée par l'hypnose. Dans ce cas, il ne se produira rien.

En réalité, les décompensations graves sont très rares, quelques cas ont été relevés dans la littérature sur plusieurs décennies.

Les contre-indications

Elles sont relatives à la qualité de relation qui existe entre un patient et son thérapeute. Une totale incommunicabilité liée à un état de démence ou de débilité mentale constitue davantage une non-indication qu'une contre-indication.

Une contre-indication peut venir de la demande du patient. Les demandes qui considèrent l'hypnose comme une sorte de sérum de vérité et cherchent à vérifier des convictions dans les vies antérieures ou la fidélité du conjoint seront résolument écartées. Les personnalités dites *borderline* et les patients psychotiques peuvent bénéficier de l'hypnose à la condition qu'elle soit pratiquée par un psychiatre expérimenté qui examinera au cas par cas cette opportunité. La paranoïa avec syndrome d'influence, la dépression mélancolique avec idées suicidaires sont des contre-indications absolues.

Nous tenons à rappeler que les professionnels de santé, quelle que soit la méthode de soin employée, sont soumis à une éthique et une réglementation qui protègent les patients. L'usage thérapeutique de l'hypnose demande une formation antérieure en médecine, dentisterie, obstétrique et psychologie et ne peut être pratiqué que dans le cadre des habilitations officielles de ces professionnels. Certaines professions de santé ont accès toujours dans le strict cadre de leurs attributions professionnelles à la pratique de l'hypnose (sages-femmes, infirmières, kinésithérapeutes, orthophonistes).

Les incidents

Il est possible que des réactions émotionnelles surviennent au cours de la séance, vécues dans un premier temps, comme déstabilisantes. Ces réactions sont des moments souvent utiles au traitement ; il suffit d'interrompre la séance et, au cours de l'entretien qui suit, prendre en compte les informations fournies par le patient pour orienter le déroulement de la séance suivante.

D'autres sensations comme des vertiges, des nausées se présentent, parfois, à la fin d'une séance, c'est le plus souvent le signe d'un retour à la conscience ordinaire trop rapide. Ces désagréments seront dissipés par quelques suggestions de bien-être.

L'hypnose en France

Depuis 1996 s'est constituée la Confédération francophone d'hypnose et de thérapies brèves qui regroupe dix-huit instituts Erickson ou associations professionnelles en France, Belgique, Suisse et au Québec. Ces associations ont une activité d'information et/ou de formation auprès du grand public et des professionnels. Des forums ou congrès se tiennent régulièrement tant en province (Vaison-la-Romaine, Rennes) qu'à Paris, qui sont l'occasion de développer cette discipline. De nombreux praticiens utilisent l'hypnose, soit dans un cadre hospitalier (par exemple, centres de lutte contre la douleur), soit dans un cadre libéral. Une liste de ces associations est annexée en fin d'ouvrage.

L'hypnose dans le reste du monde est beaucoup plus développée : trois grandes organisations régissent l'hypnose au niveau international : la Fondation Milton H. Erickson, la Société internationale d'hypnose et la Société européenne d'hypnose. Ces trois organisations collaborent avec les autorités scientifiques de leur pays qui incluent l'hypnose dans l'enseignement officiel des facultés de médecine et de psychologie (États-Unis, Grande-Bretagne, Suède, Israël, Russie, etc.).

La dérive des faux souvenirs

➤ *Le problème de la régression en âge*

La régression en âge est la technique qui fascine le plus le public, elle a été popularisée par le roman, le théâtre et le cinéma. Quoi de plus intrigant que la recherche du passé et la connaissance du futur qui sont les deux motifs de consultation des voyantes et autres médiums. Comme si le présent n'existait pas, coincé dans une alternative passé-futur où il n'aurait pas sa place. Une attitude proche du fatalisme et de la déresponsabilisation ou pour le moins d'un renoncement à agir sur soi-même. C'est dans cet état d'esprit que les gens viennent souvent à l'hypnose avec l'espoir que grâce à cette « miraculeuse » intervention sur le passé vers le futur, suggestion posthypnotique aidant, leur vie sera transformée en économisant leur propre participation. Le réveil de ce non-sommeil sera la sonnerie inutile d'une fin de nuit blanche !

La régression en âge, technique emblématique de l'hypnose, mérite à ce titre un développement. La régression en âge est le support d'une *vision mythique de l'hypnose* fondée sur la sincérité, l'authenticité des témoignages exprimés à partir de cette technique. Il n'en est rien, les sujets restent ce qu'ils sont ; ils peuvent mentir, se tromper ou bien être réellement sincères en sachant qu'il faut pondérer leur expérience de toute la subjectivité inhérente aux sensations humaines. Deleuze, en 1825, mettait déjà en garde les magnétiseurs, leur recommandant d'éviter les effets spectaculaires pour ne pas égarer les esprits. Les possibilités qui apparaissent au cours d'une séance d'hypnose sont liées à l'attention que les sujets portent à un objectif. L'attention à une chose la détourne d'une autre ce qui explique les phénomènes d'hallucinations négatives (ne pas voir un objet à l'évidence présent dans le champ visuel n'implique pas que les sujets soient devenus aveugles, sourds ou insensibles à la douleur).

Les faux souvenirs

> « On crée même par l'interrogatoire suggestif des antécédents morbides illusoires, on extériorise sur le malade ses propres conceptions, on fabrique une observation avec les idées préconçues qu'on a dans l'esprit, car le cerveau des névropathes souvent suggestible et malléable à l'excès traduit en sensations réelles ou en souvenirs toutes les impressions qu'on y dépose. »
>
> Hippolyte BERNHEIM

Jusqu'en 1980, ces troubles du comportement, bien que relativement rares et particulièrement dramatiques, étaient considérés comme des névroses hystériques[1]. À partir de cette date, l'hystérie ayant disparu sur le plan nosologique, elle réapparut sous la forme de troubles de la personnalité multiple (TPM). Le DSM-III (*Diagnostic and Statistical Manual of Mental Disorders*) définit le trouble de la personnalité multiple ainsi : « L'existence chez un même individu de deux ou plusieurs personnalités distinctes, chacune d'entre elles se montrant, à un moment déterminé, prédominante. Chaque personnalité représente une entité complexe parfaitement intégrée et se caractérise par des types de conduites, de relations sociales et de souvenirs qui lui sont propres (…). La personnalité originelle n'a habituellement ni connaissance ni conscience de l'existence d'aucune des autres personnalités. » La Salpêtrière avait été un théâtre où se cultivait et s'entretenait l'hystérie en accord avec les

1. S. Mulhern, « Le Trouble de la personnalité multiple », in *La Maladie mentale en mutation*, Paris, Éditions Odile Jacob, 2001.

attentes de Charcot en un mélange de fascination réciproque entre lui et ses patientes. Les États-Unis rejouent la même pièce sur la scène moderne du développement des TPM. Mais, si Charcot se contentait des possibilités de la photographie pour attester de ses découvertes, les États-Unis offrent aux tenants des TPM des moyens autrement plus puissants pour diffuser (contaminer ?) et exporter leurs « découvertes » dans les milieux professionnels[1]. La télévision, la vidéo et la presse relaient dans le grand public les communications données lors des congrès où apparaissent conjointement les thérapeutes et leurs patientes. Cependant, malgré les moyens déployés, ces troubles ne sont pas observés ailleurs de manière significative.

Les thérapeutes estimaient que le passage d'une personnalité à une autre pouvait être contrôlé avec l'hypnose. Autrement dit, ils présupposent que l'hypnose est un moyen infaillible d'atteindre la vérité. L'exploration de ces personnalités avec l'hypnose conférant, selon eux, une authenticité au témoignage recueilli. Il n'en est rien ; la connaissance de l'histoire de l'hypnose le leur aurait appris et économisé bien du tourment à ces patientes et leurs familles.

Le DSM-III indiquait, dans les facteurs prédisposants au TPM, l'existence de traumatismes de l'enfance ; il n'en fallait pas plus pour suspecter lourdement, voire conclure, à

---

1. E. Bowman, « A global update on the field of dissociative disorders. Presidential address », Twelfth International Conference on Multiple Personality/Dissociative States, nov. 8, San Francisco, 1996 ; R. Kluft, « Current issues in dissociative identity disorder », *Journal of Practical Psychiatry and Behavioral Heulth*, 5, 1999, p. 3-19 ; E. Carlson, R. Putnam, C. Ross, M. Torem, P. Coons, D. Dill, R. Lowenstien et B. Braun, « Validity of the dissociative experiences scale in screening for multiple personality discorder : a multi-center study », *American Journal of Psychiatry*, 150, 1993, p. 1030-1036 ; M. Steinberg, *Structured Clinical Interview for DSM-IV Dissociative Disorders (SCID-D)*, Revised Washington DC, American Psychiatric Press, 1994 ; I. Hacking, *Mad Travelers: Reflections on the Reality of Transient Mental illnesses*, Charlottesville, V.A., University of Virginia Press, 1998.

l'existence d'un traumatisme sexuel chez une personne souffrant de troubles de la personnalité. Ces thérapeutes considèrent Janet comme leur père spirituel sans pour autant l'avoir bien lu et compris. En effet, Janet présentait sa définition de la personnalité comme une métaphore et non comme une réalité matérielle ou spirituelle. Son sens clinique, exercé chez Charcot, lui avait appris comment les hystériques captent et interprètent la pensée et les attentes du praticien, c'est-à-dire à son insu. Cependant, ces comportements pouvaient être induits de façon délibérée chez ces patientes vulnérables.

Un fait clinique extraordinaire est l'aggravation par la thérapie qui retourne la situation en son inverse par un syllogisme magistral.

Un élément clinique extraordinaire est l'apparition de souvenirs inconnus avant d'entrer en traitement, souvenirs de violence sexuelle de surcroît. L'importance des symptômes associés à ces souvenirs contrastait avec le fait de la rareté du diagnostic. Par un artifice de logique, ces thérapeutes retournaient la situation en arguant que cette absence de souvenir appelée « temps manquant » était la preuve du diagnostic[1] ! Moins il existe de signes, plus la situation est grave ! Mais les troubles n'empêchent pas toutes les activités humaines normales comme la sexualité, au prix de quelques aménagements cependant. Bien sûr la question est : « *Qui est le (la) partenaire ?* » La réponse est indispensable pour éviter, au cas où il s'agirait d'une personnalité alternative enfant, qu'une situation d'inceste et de viol n'existe. Les thérapeutes spécialistes des TPM recommandaient aux maris et familles

1. S. J. Lynn, J. Pintar, « The social construction of multiple personality disorder », in *Recollections of Trauma*, D. Read et S. Lindsay (éd.), New York, Plenum Press, 1997.

de ces patientes d'être vigilants à un changement d'humeur indicatif de l'apparition d'une autre personnalité comme l'a particulièrement étudié Hocking en 1994. Je ne sais pas comment pourrait être interprétée une éventuelle maternité dans ce contexte où la patiente peut abriter des centaines de personnalités d'âge et de sexe différents. Difficile ascendance maternelle pour l'enfant conçu au sein d'une orgie virtuelle avec une éventuelle pédophilie !

Délire, direz-vous. Certainement, mais réel.

C'est pourquoi, forts de la culture procédurière américaine, les thérapeutes du TPM n'hésitaient pas à passer des contrats écrits avec les différentes personnalités alternantes pour justifier l'identité des personnes en thérapie. Ce type de traitement, où la guérison implique le retour des souvenirs de chaque personnalité, est sans fin, la cohorte des personnalités s'enrichissant sans limites avec des résultats décevants[1].

Les possessions sataniques sont de retour

Il est remarquable de noter comment ces prétendus thérapeutes poussèrent plus loin dans le temps la régression en âge jusqu'à la Renaissance et l'époque médiévale où le personnage emblématique est la sorcière à brûler sur mille bûchers. Et Satan et son cortège démoniaque revinrent agiter les corps et les âmes. Les sabbats, possessions sataniques, crimes rituels, cannibalisme et tout le fatras démoniaque[2] refirent surface et illuminèrent de leurs feux

1. P. Coons, « Treatment progress in 20 patients with multiple personality disorder », *The Journal of Nervous and Mental Disease*, 1986, 174(12), p. 715-721.
2. B. Braun et G. Gray, « Report on the 1986 mpd questionnaire — MPD and cult involvement », Fourth International Conference on Multiple Personality/Dissociative States, Alexandria, V.A., Audio Transcripts Va-383-87, 1987.

l'imagination de ces apprentis sorciers de la thérapie. Ces pseudo-révélations intéressèrent les services de police qui enquêtèrent pour aboutir à des échecs. Aucune trace de ces meurtres, aucune preuve, aucun indice de ces forfaits ; il ne restait seulement que la souffrance de ces patientes induite par le délire de leurs thérapeutes. Cette souffrance changea de lieu d'expression pour gagner les cours de justice qui se remplirent des parents accusés par leurs enfants de sévices sexuels dans l'enfance. Ces parents se retournaient contre les thérapeutes pour implantation de faux souvenirs et les patientes, reconnaissant l'origine de leurs troubles dans l'incompétence de ces thérapeutes, engageaient elles aussi des procès à leur encontre. La conséquence médicale fut le changement de la terminologie de ces troubles en 1995 qui furent nommés « troubles dissociatifs de la personnalité » en précisant que ce trouble rend les patientes fortement suggestionnables et que les souvenirs de traumas sont sujets à caution[1].

➤ *L'impasse judiciaire*

> « Le génie de l'homme, qui pense avoir découvert les vérités formelles, accommode les vérités qui autorisent à tuer. Parade des grands inspirés à rebours sur le front de l'univers cuirassé et pantelant ! Cependant, que les névroses collectives s'accusent dans l'œil des mythes et des symboles, l'homme psychique met la vie au supplice sans qu'il paraisse lui en coûter le moindre remords. »
>
> René CHAR

---

1. American Psychiatric Association (APA), 1995.

Outre l'intérêt personnel d'une recherche autobiographique, cette technique de la régression en âge a enflammé l'imagination et le zèle, notamment aux États-Unis, des enquêteurs de tout poil croyant avoir trouvé l'arme absolue pour débusquer les malfaiteurs. Les différences dans les témoignages oculaires pourraient, selon eux, être réduites par l'utilisation de l'hypnose. Les défauts de la mémoire seraient alors corrigées par l'accès à une source de souvenirs inaltérés. Loftus et ses collaborateurs ont entamé une série d'expériences qui ont mis en évidence la nature fallacieuse d'un tel présupposé. Trop de faux témoignages, basés sur ces convictions, ont conduit des innocents à la condamnation.

Première expérience sur les faux témoignages

En voici le principe : une série de diapositives d'accidents de la route est présentée à un groupe de sujets. Une de ces diapositives montrait une voiture franchissant un carrefour marqué d'un signal « *stop* ». À la suite de la séance de visionnage, on sépara en deux sous-groupes le public de l'expérience et Loftus demanda à l'un de ces sous-groupes s'ils avaient noté le panneau « *cédez le passage* ». Cette question était destinée à fausser leur mémoire. Au second sous-groupe, il ne fut rien demandé à propos des panneaux. De nouveau rassemblés, les deux sous-groupes furent interrogés avec un questionnaire à choix multiples sur ce qu'ils avaient vu. On leur présenta la diapositive avec le signal « *stop* » et une diapositive avec le signal « *cédez le passage* » en leur demandant laquelle de ces diapositives ils avaient vue dans la première séance.

Un nombre conséquent de personnes à qui l'on avait posé des questions suggestives se « souvinrent » avoir vu la diapositive « *cédez le passage* » et quasiment aucune personne du groupe témoin ne mentionna sa présence et toutes rapportèrent avoir vu la diapositive « *stop* ». Il est évident qu'un questionnaire suggestif et insinuant permet d'intégrer des éléments absents à l'origine, en l'occurrence ici des images. Ces résultats ont été confirmés par d'autres études qui démontrent que non seulement l'information postévénementielle contribue à créer des souvenirs erronés, mais aussi qu'elle inhibe la remémoration des souvenirs corrects[1]. Fait encore plus important, Loftus démontre que la « fiabilité » dans leur témoignage augmente ! Cette plasticité de la mémoire ne se limite évidemment pas à des faits sans importance ; le contexte émotionnel initial, le statut de l'interrogateur, le contexte (lieu, enjeu, témoin, accusé, etc.) influeront sur la relation de faits plus dramatiques.

Deuxième expérience

Une autre étude des mêmes auteurs est encore plus radicale, elle consiste à implanter dans la mémoire des participants un faux souvenir d'enfance de nature émotionnelle. Pour démarrer cette expérimentation, il faut que le souvenir ne soit pas réellement traumatisant, ni lors de son implantation ni lors de la découverte de la supercherie. Le faux souvenir choisi est celui de s'être perdu dans un centre commercial.

L'étude se décompose de la manière suivante : les sujets décrivent quatre souvenirs d'enfance à l'âge de 5 ans. Le groupe était composé de vingt-quatre volontaires âgés de 18 à 53 ans qui devaient essayer de se remémorer quatre

1. R. F. Belli, D. S. Lindsay, M. S. Gales et T. T. McCarthy, « Memory impairment and source misattribution in postevent misinformation experiments with short retention intervals », *Memory and Cognition*, 1994, 22, p. 40-54.

souvenirs rapportés par un membre plus âgé de leur famille. Sur les quatre récits, trois étaient authentiques et le quatrième fictif. L'histoire inventée reposait sur des éléments plausibles de réalité en s'assurant qu'il n'y avait pas eu à l'époque un épisode semblable. Après avoir pris connaissance des récits, les participants écrivaient leur version développée de l'événement. Lors des deux entretiens suivants, les auteurs ont expliqué aux participants qu'ils cherchaient à évaluer le nombre et la qualité des détails dont ils se souvenaient en les comparant à ceux de leur famille. Les sujets se rappelèrent en moyenne 68 % des vrais souvenirs. À la fin de l'expérimentation, six sujets sur vingt-quatre se souvenaient, partiellement ou totalement, des faux souvenirs. Cependant, les vrais souvenirs différaient des faux par la richesse de détails de leur description. Il n'en demeure pas moins que cette étude démontre qu'il est possible d'implanter des faux souvenirs et sans hypnose.

Un autre exemple est fourni par le travail de Harsch et Neisser[1], qui se sont intéressés aux conséquences de la catastrophe de la navette Challenger. Tout d'abord, les auteurs interrogèrent des étudiants au lendemain de la catastrophe. Puis ils revirent ces mêmes étudiants trois ans plus tard avec le même interrogatoire assorti de questions visant à corréler le niveau d'assurance par rapport à l'authenticité de leurs souvenirs (par exemple : Où étaient-ils ? Que faisaient-ils au moment de la catastrophe ?). La comparaison des résultats révéla une grande distorsion entre les deux séries d'informations avec 25 % d'informations fausses à toutes ces questions contextuelles. Les auteurs ne relevèrent pas de

1. U. Neisser et N. Harsch, « Phantom flashbulbs : False recollections of hearing the news about Challenger », *in* E. Winograd et U. Neisser (éd.), *Affect and accuracy in recall: Studies of "flashbulb memories"*, p. 9-31, Cambridge, 1992.

corrélation entre le niveau émotionnel initial et la qualité de la remémoration des souvenirs à distance.

Quelques mois après ce deuxième interrogatoire, Harsch et Neisser convoquèrent à nouveau ce même groupe d'étudiants pour deux autres séries de tests.

La première série était semblable à la précédente, la seconde était soutenue par des encouragements à se remettre dans le contexte émotionnel de la catastrophe et en fournissant des détails pour améliorer leur mémoire. En pratique, les auteurs reprirent les méthodes utilisées par certains policiers pour obtenir des témoignages oculaires ou par des psychothérapeutes qui cherchent à aider des patients à retrouver des souvenirs de traumas oubliés. Ces procédés ont montré leur totale incapacité à augmenter l'exactitude des réponses. La lecture de leur premier compte rendu ne stimulait pas davantage leurs souvenirs.

Les conclusions de ce travail indiquent que le souvenir à long terme d'un événement, même très marquant, est souvent incorrect et que les procédés visant à améliorer la mémoire sont sujets à caution.

Toutes ces études démontrent que la mémoire n'est pas une simple restitution mais une reconstruction[1]. La mémoire n'est pas un enregistrement fidèle et d'ailleurs en existe-t-il ? Photos, magnétophone, cinéma sont-ils si fiables ? La dynamique de la remémoration part d'un présent riche de croyances, d'impressions et d'émotions qui engendrera erreurs, illusions et la recréation d'un passé proche de l'idée que l'on s'en fait actuellement. Recréation d'autant plus

1. N. P. Spanos, *Faux souvenirs et désordre de la personnalité multiple*, Bruxelles, De Boeck Université, 1998.

subjective que la pression exercée pour se souvenir sera forte et suggestive.

D'où la prudence vis-à-vis des psychothérapies qui posent comme principe la remémoration de souvenirs traumatiques oubliés pour expliquer les troubles du présent.

Une tendance psychothérapeutique fonde son activité sur la recherche des traumatismes sexuels de l'enfance en particulier incestueux.

Les thérapeutes qui prétendent que les troubles présentés par leurs patients trouvent leur origine dans un abus sexuel incestueux, quand bien même ils ne s'en souviendraient pas, arguent qu'un certain nombre de signes sont des preuves de la réalité de cette agression.

Ils fondent leur approche sur le syllogisme suivant :

- Toutes les victimes d'inceste ont des troubles psychologiques.
- Tous les troubles psychologiques relèvent d'un abus sexuel incestueux.
- Donc recherchons cet abus sexuel.

Ils proposent alors un protocole d'investigation avec lequel le patient peut parvenir lui-même au diagnostic. Les pires listes d'autodiagnostics contiennent des signes aussi communs que la mauvaise estime de soi, des difficultés sexuelles, une tendance dépressive, des phobies, des difficultés relationnelles, de l'insomnie[1]. On voit là la dangerosité de cette pratique créatrice de pathologie et de graves désordres familiaux et éventuellement légaux. Les agressions sexuelles de l'enfant existent, hélas, mais il convient

---

1. E. S. Blume, *Secret survivors: Uncovering incest and its after effects in women*, New York, Ballantine, 1990 ; R. Fredrickson, *Repressed Memories*, New York, Simon et Schuster, 1992.

de corroborer les témoignages avec les faits et aussi de savoir dans quelles circonstances ces souvenirs ont émergé.

La conception musculaire ou vidéo de la mémoire persiste comme un stéréotype opératoire. En fait il n'en est rien, de nombreuses expériences ont démontré comment la remémorisation des souvenirs était sous l'influence de différents paramètres tels que le rappel associé avec l'humeur. De nombreuses expériences mettent en évidence cette corrélation entre la qualité des souvenirs et l'humeur. Une série de mots agréables (par exemple, sourire) et de mots désagréables (par exemple, désespoir) est proposée comme sujet d'étude à un groupe de patients déprimés. Ceux-ci font preuve d'une mémoire particulièrement précise pour les mots déplaisants surtout s'ils y pensent en correspondance avec eux-mêmes [1].

Le voyage dans le temps ou le Jurassic Park *des souvenirs*

Parmi ces circonstances, revenons-en à la régression en âge qui est supposée faire « voyager » le sujet à rebours dans le temps, comme s'il retrouvait tout ce qui correspond à cette époque en la revivant, en y incluant les comportements d'enfant de cet âge. Cette conception de la distorsion du temps est fausse. En réalité, les sujets adoptent les attitudes qu'ils *croient* être celles d'un enfant. Tout dépend de leurs

1. G. H. Bower, « How might emotions affect learning ? », *in* S A Christianson (éd.), *The Handbook of Emotion and Memory : Research and Theory*, Hillsdale, Erlbaum, 1992, p. 3-31 ; D. M. Clark et J. D. Teasdale, « Diurnal variation in clinical depression and accessibility of positive and negative experiences », *Journal of Abnormal Psychology*, 1982, 91, p. 87-95 ; S. Mineka et K. Nugent, « Mood-congruent memory bases in anxiety and depression » *in* D. L. Schacter, J. T. Coyle, G. D. Fischbach, M.-M. Mesulam, et L. E. Sullivan (éd.), *Memory Distortion : How Minds, Brains and Soceties Reconstruct the Past*, Cambridge, Harvard University Press, 1995, p. 173-196.

connaissances dans ce domaine, s'ils sont assez experts la démonstration sera approchante ; en revanche, si leurs connaissances sont approximatives, alors ce qu'ils présenteront comme comportement sera éloigné de la réalité.

Barber et Nash[1] ont étudié la régression en âge hypnotique à partir d'échelles standards d'évaluations cognitive, perceptuelle et intellectuelle. La comparaison du quotient intellectuel d'adultes en régression en âge à l'âge de 3 ans avec celui d'un groupe d'enfants du même âge a conclu à des capacités augmentées chez les adultes, les adultes surestimant les possibilités des enfants. Si les manifestations générales présentées sont fausses ou pour le moins approximatives, il est permis d'avoir des doutes sur la réalité des perceptions plus personnelles reliées à cette date.

Il est amusant de mettre en parallèle la technique de progression en âge dans laquelle il est suggéré au sujet de se rendre dans l'avenir et de le décrire. Les questions peuvent être orientées sur l'aspect physique et/ou psychologique. Il est évident que cela n'est pas vrai ; le sujet n'est pas doué comme on le croyait au XIXe siècle de facultés de voyance. Cependant, cette technique a l'intérêt d'enjamber une difficulté actuelle, en supposant qu'elle ait été résolue, pour demander au patient de se représenter après le problème. Le réel intérêt de cette approche est de faire passer le message, si cela est plausible, de la résolution du problème. Autrement dit du changement.

---

1. T. X. Barber, N. P. Spanos et J. F. Chaves, « Hypnosis, imagination and human potentialities », New York, Pergamon Press, 1974 ; M. R. Nash, « What, if anything, is regressed about hypnotic age regression ? A review of the empirical literature », *Psychological Bulletin*, 1987, 102, p. 42-52.

Illusions ou mensonges

Les illusions et les fantasmes obscurcissent souvent l'esprit des gens et d'autres avant nous l'ont constaté. Le pire est de croire à ses propres mensonges. Les aventures du célèbre sage oriental Mollah Nasr Eddine Hodja, qui vécut entre le XIIIe et le XVIe siècles, évoquent sous couvert d'humour des enseignements destinés à ses contemporains pour lutter contre cette auto-intoxication. Moussa Nabati a recueilli ces histoires dans : *L'Humour-thérapie*. En voici une : Nasr Eddine descend tranquillement une rue du village, absorbé par ses pensées philosophiques. Une bande de gamins se met à lui lancer des cailloux. Pris au dépourvu, Nasr Eddine cherche un stratagème pour échapper aux pierres.

« — Arrêtez de m'attaquer et je vous dirai un secret

— D'accord, répondirent les enfants, mais à la condition que ce ne soit pas un mensonge.

— Voilà, dit Nasr Eddine, le prince offre aujourd'hui un grand festin pour son anniversaire à tous ceux qui se présenteront au palais. »

Les enfants crient de joie et courent comme des lapins au palais abandonnant Nasr Eddine. Celui-ci les regardant s'éloigner s'interroge : « Et si c'était vrai que le prince offre un festin aujourd'hui. Je ferais mieux d'y aller voir moi-même. » Et il se mit à courir lui aussi sur la trace de gamins.

Il est d'observation courante qu'après avoir accepté un certain nombre de propositions, les gens aient du mal à récuser leurs premières appréciations. Cette technique dite du « pied dans la porte » est usuellement employée dans la vente. Si le vendeur réussit à poser le pied à l'intérieur de la maison, la vente a de grandes chances d'aboutir. Cette séquence d'acceptation conduit souvent les patients manipulés par ces « thérapeutes » à développer leurs fantasmes, encouragés par l'autorité du thérapeute conforté dans ses attentes. Heureusement, les patients ont souvent plus d'hésitations pour affirmer de telles vérités, les suspects qui ont été soumis à ce type d'interrogatoire infiltrant se rétractent souvent dès le lendemain. Ces professionnels sont réellement des experts de l'abus, au point qu'ils le mettent en place chez des patients souvent fragiles et en détresse. Les plus vulnérables trouvent en la personne qui les questionne une attention qui les valorise avec sa réciproque pour le thérapeute ; une codépendance s'installe. Cette relation est si particulière et si intense qu'il est remarquable de souligner que, à l'occasion de congrès sur les abus sexuels et les troubles de la personnalité multiple, les thérapeutes se présentent avec leurs patients pour des démonstrations. Nous retrouvons là la résurgence de ces couples magnétiseurs-magnétisées (parfois mariés) qui sillonnaient la France pour exploiter les dons d'extralucidité de la magnétisée. La régression en âge n'est pas une technique pour connaître le passé, ni apprendre l'histoire. Malheureusement, ces charlatans sont sots, ignorants et toxiques.

Les exploits de ces conducteurs de conscience à travers le temps ne s'arrêtent pas là et certains proposent le forfait « vies antérieures ». Cette conception de la vie et de son cycle appartient à des religions ou philosophies orientales ; ce qui n'a rien à voir avec la psychothérapie. Il conviendrait que ceux qui adhèrent à ces notions s'en remettent aux personnes compétentes en la matière. Mélanger la religion avec la psychothérapie est un exercice délicat de confrontation d'un registre spirituel avec un registre psychologique. En Occident, l'hypothèse des vies antérieures est cousine de la notion de personnalité multiple qui implique une dissociation pathologique dont le résultat est souvent le dédouanement moral de la personnalité principale. Pour les tenants de cette théorie, l'amnésie est une constante de ces états et constitue une explication et une « preuve » de leur existence (CQFD). Ces manifestations sont culturelles et dépendent de facteurs acquis précédemment à la régression en âge et à l'hypnose qui sont provoqués chez des sujets imaginatifs et encouragés à l'être dans ce sens.

L'échec ou la réussite en hypnose

Pourquoi n'y aurait-il pas d'échec ? Qu'est-ce que l'échec, si nous n'évoquons pas la réussite ? Mais de quelle réussite est-il question ? La satisfaction d'une plainte ? La disparition d'un symptôme ? La compréhension du sens des troubles ? L'émergence d'un changement d'attitude vis-à-vis de soi-même et dans sa relation au monde ? Le débat est vaste et est au cœur de la relation thérapeutique. Ce qui est apporté à la première consultation pourra évoluer au cours du traitement. Watzlawick et l'école de Palo Alto ont montré que souvent c'est la solution employée par le patient pour résoudre son problème qui est en cause. Une redéfinition, un recadrage de la plainte changent la vision des choses. Cependant, comment comparer une analgésie hypnotique avec le traitement d'une dépression ou d'une phobie ? Dans les cas aigus, un traitement sera rapidement évalué, la persistance des douleurs renseigne sur l'efficacité ou non des suggestions mais, dans les cas de pathologies chroniques, la situation diffère car les possibilités de gain augmentent en raison des intrications tissées dans le temps. Erickson n'avait pas pour but de guérir ses patients, mais de les aider à franchir des étapes de leur vie, c'est aussi en ce sens que l'on parle de thérapies brèves. Un exemple émouvant nous est donné par le Dr Serge Melloul. Il s'agit du cas de Delphine, 15 ans, atteinte d'une mucoviscidose gravissime qui a justifié une greffe de poumons. Les suites opératoires sont un échec, Delphine ne peut pas se servir de ses nouveaux poumons. L'équipe hospitalière après avoir procédé à de nouveaux examens évoque un « blocage psychologique » pour expliquer cette situation.

C'est au treizième jour postopératoire que la première séance d'hypnose a lieu dont le temps fort est le conte métaphorique suivant inspiré de celui de Michel Kérouac *Le Perce-Neige*. Celui-ci raconte « l'histoire d'une petite fleur qui naît avec les premiers rayons du soleil du printemps et qui, malgré sa délicatesse, arrive à percer la neige pour exprimer sa beauté et sa blancheur et qui raconte aux autres fleurs les derniers remous de l'hiver ». « Le plus beau jour de ma vie, dit-elle, c'est le jour où, du bout du nez, j'ai pu respirer le premier rayon du soleil. Les yeux à demi ouverts sous mes paupières lourdes, j'ai entrevu l'éblouissement de la lumière sous la neige. Humer la fraîcheur de l'hiver, sentir le frémissement du printemps, imaginer l'éclosion de l'été et m'apercevoir que tout cela est contenu dans un seul mot, vivre. » « Maintenant cette petite fleur est fière de divulguer son exploit, elle sait qu'elle a fait un chemin plus important que ses sœurs nées pendant l'été, elle sait qu'elle a dû combattre des dangers et qu'elle a réussi à les vaincre… à gagner. »

Serge Melloul commente de la manière suivante ce conte métaphorique. « Delphine peut s'identifier à cette petite fleur fragile et frêle (elle ne pèse plus que 38 kg) qui doit se battre pour vivre à la différence des adolescents de son âge. Vivre, c'est percer la neige, le froid de la mort et retrouver la chaleur de la vie en respirant le premier rayon de soleil. Mais cette apparente fragilité est associée à une force intérieure car on ne devinerait jamais que sa petite taille renferme autant de volonté et de force ».

Au matin du quatorzième jour, Delphine respire sans difficultés physiques mais souffre encore d'angoisse. La deuxième séance renforcera l'automatisme retrouvé de la respiration. Elle s'appuiera sur la passion de Delphine pour l'équitation et le saut d'obstacles en compétition. Une métaphore du combat qu'elle mène depuis sa naissance contre la mucoviscidose sera développée. Son corps devient un « nouveau cheval de bataille » pour réussir à gagner et à franchir les autres obstacles. Dès lors son amélioration psychologique s'accélère et elle peut rapidement sortir du service de soins intensifs. Mais il faut maintenant que la greffe ne soit pas rejetée par son système immunologique. Malgré des surinfections bronchiques, une rupture des sutures de la première opération avec hémorragie interne, Delphine surmonte ces nouvelles épreuves. Elle retournera encore au cabinet de notre confrère entre novembre et décembre 1999. En avril 2000, ce faire part lui parvient :

« *Samedi 15 avril 2000*
Delphine est partie pour retrouver l'éternité,
Elle n'avait pas encore seize ans.
Elle repose dans le vent
Au soleil de votre mémoire.
Ne l'oubliez pas, elle vous aime toujours. »

Cet accompagnement a été une aide importante pour Delphine et ensuite pour ses parents après le 15 avril.

La conclusion de Serge Melloul porte notamment sur l'intérêt de l'hypnose comme adjuvant thérapeutique à des moments précis dans les services de haute technicité médicale confrontés à des échecs sans cause organique retrouvée.

Une thérapie est dite brève quand elle est orientée sur un objectif (une solution) défini en commun, dans un temps relativement limité. L'objectif est à la fois ambitieux et modeste, mais il dépend aussi de la motivation du patient à changer. La relation thérapeutique est fondée sur une coopération, si le patient ne s'estime pas concerné voire s'oppose au thérapeute, le résultat sera décevant. La pratique de l'autohypnose est la démonstration des limites du thérapeute et du champ d'action qui appartient au patient. L'hypnose n'est en aucun cas une panacée, ni une solution de facilité, et la persévérance à l'autohypnose est un gage de soulagement. Néanmoins, des situations existent où la rencontre thérapeutique est de qualité et l'implication du patient évidente, mais où les résultats ne sont pas toujours au rendez-vous. Nous sommes alors dans une situation où l'hypnose n'échappe pas aux inconnues et aux mystères de la nature. La réussite dépend en partie de la bonne mesure de la situation ; mesure signifie proportion d'attention accordée à quoi que ce soit. Quand la maladie est la plus forte, l'accompagnement du patient et de sa famille demeure, toujours, un objectif valide.

CHAPITRE 6

La recherche scientifique

La recherche scientifique s'intéresse aux mécanismes de fonctionnement du cerveau et l'équipe liégeoise du Dr M.-É. Faymonville est l'une des plus en pointe dans l'étude de l'hypnose sous cet angle. À la quantité importante de données cliniques réunies depuis 1992, ces chercheurs ont ajouté deux remarquables études expérimentales pour étayer ce travail et valider scientifiquement l'hypnose en tant qu'approche thérapeutique.

Que montrent les études ?

En fait, la tentation était grande de savoir ce qui se passe dans le cerveau au cours d'une séance d'hypnose appliquée au traitement de la douleur. La technologie de l'imagerie moderne du PET-scan (tomographies à émission de positons) offre des possibilités inégalées jusqu'à présent en matière d'observation de l'activité cérébrale. La technique consiste, après injection intraveineuse d'un traceur émetteur de positons, à apprécier les variations du débit sanguin cérébral avec une résolution spatiale de 8 mm. La mesure porte sur la comparaison des débits sanguins cérébraux lorsque l'on modifie un paramètre expérimental (types de stimulation, types de suggestions, etc.).

Les résultats montrent que l'hypnose diminue les sensations de douleur et d'inconfort dues à un stimulus douloureux. D'autre part la douleur augmente le flux sanguin dans les zones du noyau thalamique et le cortex cingulaire antérieur (ACC) et d'autres régions cérébrales.

De nombreuses équipes internationales se sont attachées à étudier l'activité cérébrale au cours de la douleur et en particulier Devinsky et ses collaborateurs montrent que l'ACC intervient dans la nociception (zone de perception de la douleur). L'imagerie cérébrale permet d'accéder aux propriétés fonctionnelles et neuronales des états mentaux, mais pas à leurs propriétés intentionnelles ni à leurs aspects qualitatifs fins. Elle permet de savoir quelles structures sont impliquées dans les processus perceptifs, mais nullement d'en définir le contenu, la teneur[1].

Si la douleur par sa dimension quotidienne est un enjeu d'importance, d'autres recherches sont menées dans le domaine de l'immunologie dont un certain nombre de manifestations apparaissent sur un terrain psychologiquement favorable.

L'état hypnotique existe, la suggestion aussi

L'analyse comparée des résultats montre que l'activité de l'ACC est corrélée différemment dans l'état hypnotique et dans la situation de contrôle ordinaire, ce qui tend à prou-

1. Joëlle Proust *in* Hors-Série *Science et Avenir*, « La Pensée », avril 1998.

ver, évidemment, que l'état hypnotique existe ! Mais cet état est plastique, il change en fonction des suggestions sensorielles qui sont faites. L'état hypnotique améliore la « réceptivité » des suggestions, mais cet état n'a que peu de vertus en lui-même ; il convient qu'il soit stimulé, enrichi par des suggestions. D'autre part, des suggestions isolées d'un état hypnotique se résumeront souvent à des vœux pieux !

L'imagerie moderne démontre que cet état hypnotique peut activer des zones cérébrales impliquées dans la sensation et la motricité ; ce qui confirme l'intérêt de l'hypnose dans le traitement des troubles de la motricité. L'efficacité thérapeutique reposera sur la qualité d'interaction entre un état privilégié et sa mise en mouvement, en action.

Créativité artistique et phénomènes hypnotiques

Si la recherche scientifique a un large champ d'exploration devant elle, il existe aussi d'autres versants de la connaissance qui mériteraient des études approfondies, ceux de l'interaction de l'activité dite artistique avec les phénomènes hypnotiques et thérapeutiques. Que se passe-t-il au niveau de l'activité cérébrale lors de l'écoute d'un conteur de talent ? L'hypnose et la psychothérapie qui s'en inspire sont des thérapies d'influence. Elles prétendent initier un changement. À quoi ressemble l'activité cérébrale d'un artiste, qu'il soit musicien, peintre, sculpteur, écrivain, cinéaste, etc. ? Hubert d'Assignies n'hésite pas à décrire l'hypnose comme une leçon de musique dans laquelle l'hypnose « épouse la forme d'un thème et d'une variation… développements d'une modulation qu'on peut improviser *ad libitum* » qui permettront au patient « de prendre appui sur notre présence pour relancer la vitalité de sa vie imaginaire ». Il est peut-être provocateur de dire que la pathologie psychosomatique est l'expression d'une grande créativité. Existe-t-il des similitudes dans l'activité cérébrale entre la production de symptômes et la création artistique ? L'art est souvent une aide appréciable dans beaucoup de troubles. Mettre en scène des représentations du monde pour les repérer, les changer est une ambition parfois utopique, souvent utile. Nos « collègues » artistes sont, en cela, probablement des exemples pour retrouver une inspiration artistique en médecine. Le rire est aussi un état de conscience qui a ses particularités et ses vertus thérapeutiques, malheureusement son étude scientifique reste à faire. Sa mise en œuvre et ses effets s'apparentent à bien des égards à la microdynamique de l'hypnose (*cf.* Définitions de l'hypnose). L'usage du rire thérapeutique se développe dans les services d'oncologie et de pédiatrie[1]. Le paradoxe est de « démédicaliser » les crises existentielles et d'apaiser les souffrances des malades par une humanisation de la relation thérapeutique qui s'éloignera de la « gestion du stress », modèle économique actuel de la vie en société. Ces études n'en sont qu'aux prémices. Peut-être retrouverons-nous, grâce à elles, la notion de thérapie moins technique, plus globale, plus humaine ?

1. Caroline Simonds, Bernie Warren, *Le Pire médecin*, Paris, Albin Michel, 2001.

Une dernière histoire : Mokthar le Nomade, le retour

En ces temps très anciens où le temps se mesurait sur une pierre gravée, vivait un peuple prospère. Il avait fait fructifier le pactole laissé par les anciens. Mais il avait aussi oublié une partie de la sagesse de ses ancêtres lorsque le chef de ce peuple heureux mourut laissant tout son bien à ses trois fils. La règle immuable de partage devait à nouveau s'appliquer. Au premier des fils reviendrait la moitié du troupeau, au second le tiers et au troisième le neuvième. Le troupeau avait grandi et le nombre total de chameaux était maintenant de trente-cinq chameaux. Après que les funérailles eurent été achevées, la tribu se réunit pour le partage. Ils avaient su faire grandir le troupeau, mais ils n'avaient pas cultivé la sagesse de leurs pères et de leurs alliés. Aussi la confusion régnait, la crainte du désordre et le déclin de leur tribu semblaient se dessiner à l'horizon des nuits et des jours de discorde. Est-ce la fatigue ou un sursaut d'attention qui fit surgir dans la mémoire de l'un des plus anciens le souvenir d'un nom de grand savoir : Mokthar le Nomade…

Le vent avait soufflé depuis si longtemps dans la palmeraie qu'il avait effacé de la mémoire la présence des hommes simples qui les avaient précédés. Les grains de sable n'entraient plus sous les tentes, elles avaient été remplacées par de belles demeures solides protégeant des fontaines rafraîchissantes au milieu de patios de verdure. Où était ce lien qui les avait rassemblés, il y a bien longtemps au bord de l'oasis ?

La chance se manifeste parfois, mais est-ce seulement la chance ? Mokthar devait passer dans le voisinage. Il ne resta pas insensible aux lamentations sincères des fils endeuillés et poussa la lourde porte de leur demeure. Ce jour-là, il était accompagné d'un autre voyageur récalcitrant à faire une halte imprévue d'autant plus qu'il avait payé le chameau sur lequel ils cheminaient de concert. Mais Mokthar tempéra son impatience en lui faisant miroiter l'hospitalité renommée des habitants de cette contrée.

Le plus ancien, celui qui gardait au fond de lui le souvenir diffus d'une présence bienveillante, discerna parmi ces deux voyageurs celui qui peut-être saurait les aider. Mais tout d'abord, les devoirs de l'hospitalité s'imposèrent à lui et il s'enquit des besoins des arrivants. S'enhardissant, il leur demanda si d'aventure l'un d'entre eux n'était pas Mokthar le Nomade. D'un sourire, le plus sage des deux se fit reconnaître et lui demanda en quoi il pouvait être utile. En quelques phrases, il résuma la crise que traversait la tribu aux prises avec un héritage au partage difficile.

Mokthar écouta et pour toute réponse demanda où se trouvait sa chambre pour s'y reposer en ajoutant que demain se lèverait un nouveau jour.

La nuit fut courte et la nuit fut longue.

Le jour se leva et Mokthar réunit les fils, la tribu et les trente-cinq chameaux sur la grand-place de la ville. Il s'approcha de son compagnon de voyage et lui demanda de lui donner son chameau, celui-ci protesta disant qu'il avait déjà été patient en s'attardant dans ces lieux et, lui demander de céder son chameau, c'était trop ! Cependant, Mokthar sut le convaincre de ne pas se fier aux apparences, aux mirages étincelants et trompeurs et finalement reçut le chameau. Lentement, il s'approcha du troupeau rassemblé au soleil et y ajouta, au grand dam de son propriétaire, le chameau qu'il venait de recevoir. Et dit simplement : « *Que le partage soit fait !* »

Ainsi le premier reçut dix-huit chameaux, le second douze et le troisième quatre ce qui est plus que chacun ne pouvait en espérer. Le compagnon de route retrouva son bien et Mokthar, pour prix de ses conseils, reçut le dernier chameau.

Ainsi fut fait, en ce temps-là.

Certaines opérations donnent de multiples gains. C'est peut-être ça aussi l'hypnose.

Conclusion

L'hypnose trouve sa place au sein des thérapies humanistes dans lesquelles la symptomatologie est « démédicalisée ». Elle n'a d'ailleurs pas d'autre choix pour permettre au patient d'accéder à sa souffrance et de participer de façon nouvelle à son propre traitement. Elle s'efforce, ainsi, d'apporter un changement dans l'attitude par rapport au symptôme. Le mode de pensée hypnotique est divergent et probablement iconoclaste par sa créativité qui est le plus souvent inspirée par le patient lui-même. L'imagination, dont la fonction spécifique est la vision de réalités et de possibilités qui ne peuvent se manifester dans les conditions normales de la perception[1], est au cœur de l'hypnose. Un cœur qui reçoit et redistribue, un passeur. Une ouverture, un changement peuvent alors apparaître.

L'hypnose contemporaine place le patient au centre de la relation thérapeutique et s'oriente vers la recherche de solutions. Cette dynamique s'attache à repérer ce qui est de l'ordre de l'autohypnose négative et à aider le patient à quitter son inertie mentale.

Quelle est la parade à l'inertie ?

1. Dewey, *in* Gianni Rodari, *Grammaire de l'imagination*, Rue du monde, 1997.

L'attention. L'attention ouvre la curiosité et la capacité de découvrir. Les blasés, les « je-te-l'avais-bien-dit », les « c'est-pas-possible-parce-que » ont peu de chances d'être étonnés. Être attentif est une disposition qui se cultive et se développe. C'est une condition essentielle au changement en hypnothérapie qui est à cent lieues de l'injonction « laissez-vous aller ! ». Cette capacité à l'attention suscite les questions et nous aide à retrouver la fraîcheur d'esprit que procure l'étonnement.

Nous sommes toujours à la merci de l'inertie, qui que nous soyons. Cette inertie peut prendre la forme d'une théorie figée ou d'un système rigide qui se prétend infaillible. Déjà, Puységur nous mettait en garde, dans une exhortation enthousiaste, contre le fait qu'« un système n'est souvent que le fruit d'une imagination exaltée, dont le succès ne tient qu'au plus ou moins d'éloquence de son auteur ; mais, ici, c'est une pratique à la portée des hommes les plus bornés ; tous ont la puissance de l'exercer, par cela seul ils sont des hommes ». Quelque deux cents ans plus tard, Erickson nous encourage à faire confiance à notre inconscient.

Annexes

Solutions

• Solution du rébus : « On voit qu'Amélie des crêpes a le génie. »

• Solution du problème des 9 points :

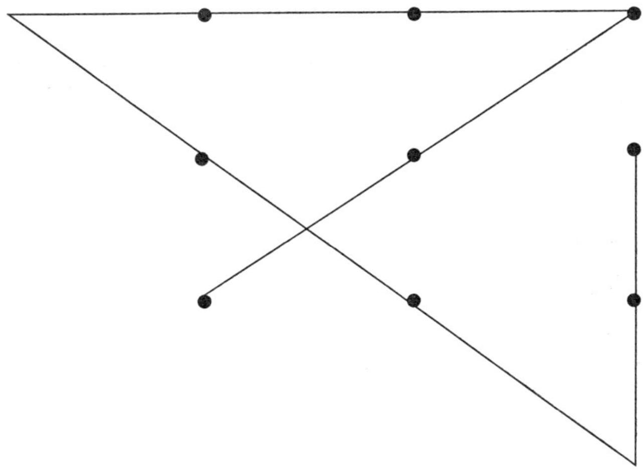

Bien souvent les gens cherchent une solution dans le carré formé par les neufs points, ils cherchent dans un cadre qu'ils ont créé en négligeant d'autres aspects pourtant disponibles (la feuille de papier désignée dans l'énoncé). Cela peut s'appliquer à la vie courante où souvent il est difficile de sortir du cadre que l'on s'est fixé arbitrairement soi-même. Autrement dit, un exercice de souplesse dans l'espace pour contribuer à faire des choix plus justes.

• Solution de l'anamorphose : pour lire ce texte, incliner le livre et regarder la page tangentiellement. Le texte sera lisible.

Glossaire

Allégorie : expression d'abstractions (sentiments, idées, principes moraux ou intellectuels) par des symboles physiques ou animés (formes artistiques) ou par le développement continu de métaphores (en littérature). La colombe avec son rameau d'olivier dans le bec annonce la fin du déluge et la paix retrouvée.

Analogie : comparaison avec le sens de similitude.

Anamnèse : interrogatoire destiné à retrouver dans le passé les éléments de l'histoire de la maladie ou du patient.

Amnésie : rappel conscient impossible total ou partiel des informations communiquées et/ou perçues.

Autosuggestion : action de se suggestionner soi-même.

Catalepsie : rigidité plastique (dite en « tuyau de plomb ») d'une partie du corps ou d'un segment de membre s'accompagnant éventuellement d'anesthésie.

Dissociation : détachement au cours duquel le sujet perçoit les sensations comme automatiques, se réalisant indépendamment de sa volonté. Conscient/inconscient, corps/esprit en sont des exemples. « Et pendant que votre *corps* s'installe confortablement, votre *esprit* commence à voyager. » Cette dissociation favorise une observation distanciée du sujet par lui-même.

Distorsion subjective du temps : impression que le temps s'écoule lentement ou rapidement.

Écriture automatique : action d'écrire inconsciente au cours d'une séance d'hypnose.

Expérience en aveugle : technique qui permet d'évaluer la validité d'un procédé, d'une substance, en faisant en sorte que le sujet d'expérience ne sache pas quel procédé, quelle substance sont testés.

Hallucination : sensation imaginaire sans support concret. Elles peuvent être olfactives, visuelles, auditives, gustatives ou kinesthésiques (lourd/léger, mouvement/immobilité, chaud/froid, etc.).

Induction : démarrage de la séance d'hypnose.

Lévitation : élévation automatique du bras sans contact du thérapeute à la suite d'une suggestion.

Métaphore : similitude associée à une identification.

Monoidéisme : concentration de l'esprit sur une seule idée.

Nosologie : discipline qui définit les maladies.

Parabole : c'est une parole constituée de métaphores, de symboles et d'allégories exprimée par un personnage ayant autorité qui place son propos dans le registre spirituel.

Posthypnotique : qualifie le moment d'application d'une suggestion après la séance d'hypnose.

Psychosomatique : se rapporte à l'action réciproque d'une émotion, d'un sentiment, d'une pensée sur le corps.

Régression en âge : « retour » dans le passé.

Suggestion : parole qui suscite une réponse d'un point de vue intellectuel, sensoriel, émotionnel ou comportemental.

Transe : synonyme d'hypnose, terme employé couramment dans les pays anglo-saxons.

Pour en savoir plus

Les principales associations organisatrices de congrès et susceptibles de donner des informations sur l'hypnose, des praticiens ou des formations sont :

Institut Milton H. Erickson d'Avignon-Provence
1, avenue Jules-Ferry
84110 Vaison-la-Romaine
Tél/Fax : 04 90 28 70 17
e-mail : EricksonAV@aol.com
www.multimania.com/hypnoseclinique

Institut Milton H. Erickson de Paris
27, rue Fourcroy
75017 Paris
Tél : 01 39 16 17 72
e-mail : erickson@club-internet.fr

Hypnose et Systèmes
18, rue Étienne-Dolet
35000 Rennes
www.hypnoses.com

**Groupement pour l'étude
et les applications médicales de l'hypnose**
23, rue de La Rochefoucauld
75009 Paris

**L'annuaire francophone
des praticiens en hypnose et en thérapies brèves**
www.hypnoses.com

Associations et adresses utiles

L'ensemble des associations professionnelles est regroupé au sein de la Confédération francophone d'hypnose et de thérapies brèves qui centralise les informations issues de ses membres et parraine tous les trois ans le Forum. Le Forum est le congrès francophone de référence en hypnose clinique et thérapies brèves.

Confédération francophone d'hypnose et de thérapies brèves
151, chemin de Châteauvallon
83190 Ollioules — France

➤ *France*

Institut Milton H. Erickson d'Avignon-Provence
B.P. 82,
1, avenue Jules-Ferry
84110 Vaison-la-Romaine
Tel/Fax : 04 90 28 70 17
e-mail : EricksonAV@aol.com

Institut Milton H. Erickson des Caraïbes
Résidence Les Filaos
25, route de Didier
97200 Fort-de-France
Tél : 06 96 63 38 77

Institut Milton H. Erickson de Haute-Auvergne
Docteur Courtial, hôpital d'Aurillac
50, avenue de la République
15000 Aurillac

IFATC
20, rue de la République
42000 Saint-Étienne
e-mail : ifatc@aol.com

Institut Milton H. Erickson Méditerranée de Toulon-Marseille
151, chemin de Châteauvallon
83190 Ollioules
e-mail : ericksonmedite@wanadoo.fr

Institut Milton H. Erickson de Nantes
20, rue Mercœur
44000 Nantes
e-mail : Tservillat@aol.com

Institut Milton H. Erickson de Nice, Côte-d'Azur
21, rue Tonduti de l'Escarène
06000 Nice
e-mail : francine-heleneSAMAK@wanadoo.fr

Institut Milton H. Erickson du nord de la France
34, rue Créplaine
59780 Camphin-en-Pévèle
e-mail : Yves.doutrelugne@village.uunet.be

Institut Milton H. Erickson de Normandie
33, rue de Beaunay
76420 Bihorel
e-mail : yveshalfon@ch-belvedere.fr

Institut Milton H. Erickson de Paris
27, rue Fourcroy
75017 Paris
Tél : 01 39 16 17 72
e-mail : erickson@club-internet.fr

Institut d'hypnose éricksonienne
et de thérapies stratégiques des Yvelines
27, rue Carnot
78000 Versailles

Techniques et applications de la communication à la thérapie
Docteur Puichaud UPEA
208, rue Marius-Lacroix
17000 La Rochelle

Hypnose et Systèmes
18, rue Étienne-Dolet
35000 Rennes
http://www.hypnoses.com

Association française pour l'étude de l'hypnose médicale
19, avenue Franklin-Roosevelt
75008 Paris

Association française d'hypnothérapie
74, rue de Lamarck
75018 Paris
dfayolet@noos.fr

Autres adresses

Société française de thérapie et d'hypnose éricksonienne
20, rue de la Cerisaie
75004 Paris

Groupement pour l'étude
et les applications médicales de l'hypnose
23, rue de La Rochefoucauld
75009 Paris

➤ *Belgique*

Institut Milton H. Erickson de Belgique
17, avenue Constant-Montald
1200 Bruxelles
e-mail : tmelchio@ulb.ac.be

Institut Milton H. Erickson de Liège
17, Rue de Sordoye
4900 Angleur, Liège
e-mail : mambourg@skynet.be

➤ *Suisse*

Société médicale suisse d'hypnose
Docteur Noyer
73a, avenue Léopold-Robert
2300 La Chaux-de-Fonds
e-mail : cab.noyer@bluewin. ch

➤ *Canada*

Institut Milton H. Erickson de l'Outaouais
C.P. 79082
Hull J8Y 6V2 Québec

Institut québécois de thérapie et d'hypnose éricksonienne
33, Beaudette North Hatley
JOB 2CO Québec

Institut Milton H. Erickson de la ville de Québec
646 René-Levesque
Ouest Québec City
GIS IS8 Québec

Institut Milton H. Erickson de Montréal
Centre Castelnau.
7399, Boul. Saint-Laurent Montréal.
H2R 1W7 Québec, Canada
LICANE@compuserve.com

Éditions

Les Éditions de l'Arbousier publient les Actes des Forums (préface du Pr Zarifian), des videos professionnelles et les *Mémoires de Mesmer 1779 et 1799.*

Éditions de l'Arbousier
B.P. 82
84110 Vaison-La-Romaine
e-mail : de Sensus@aol.com

Les éditions SATAS publient l'intégrale des articles d'Erickson en français et de nombreux auteurs anglo-saxons élèves d'Erickson.

SATAS
Vlaanderenlaan, 6
B- 1700 Dilbeek
Belgique

Plusieurs associations régissent l'hypnose au plan international

• La Fondation Erickson

The Milton H. Erickson Foundation, Inc
3606 N. 24th Street
Phoenix, Arizona 85016 USA
Tél (602) 956 6196 Fax : (602) 956 0519
e-mail : office@erickson-foundation.org

La fondation regroupe 94 instituts et édite un journal trimestriel :
The Milton H. Erickson Foundation Newsletter
3416 Euclid Avenue
Dallas, Texas 75205
Tél : (214) 371 1091

• La Société européenne d'hypnose

SSCEH P.O. box 393, SE-931 24 Skelleftea Sweden
Tél : (46) (0) 910 366 02
Fax : (466) (0) 910 886 40
e-mail : ssceh@telia.com

La société européenne d'hypnose édite la revue *Hypnose*

• La Société internationale d'hypnose

ISH Central Office
Austin & Repatriation Medical Centre
Repatriation Campus, Locked Bag 1
West Heidelberg VIC 3081 AUSTRALIA
Tél : (61) 3 9496 4105 FAX : (61) 3 9496 4107
E-mail : ish-central.office@medicine.unimelb.edu.au

La Société internationale d'hypnose édite une revue :
International Journal of Clinical and Experimental Hypnosis
Sage Publications
2455, Teller Road
Thousand Oaks, CA 91320
Tél : 805-499-9774 Fax : 805-499-0871

Bibliographie

ASSIGNIES Hubert d', *L'Hypnose : une leçon de musique*, Actes du 2e Forum francophone d'hypnose et de thérapies brèves, Vaison-la-Romaine, Éd. de l'Arbousier, 2001.

ARAOZ Daniel, *Hypnosis and Sex Therapy*, New York, Brunner et Mazel, 1982.

ARAOZ Daniel, *The New Hypnosis*, New York, Brunner et Mazel, 1985.

AUCLAIR Sandrine, *Utilisation de l'hypnothérapie dans les centres d'évaluation et de traitement de la douleur français*, thèse pour le doctorat en médecine, faculté de Clermont-Ferrand, 2000.

AZAM Eugène, *Hypnotisme, double conscience et altérations de la personnalité*, Paris, Baillière, 1887.

BARRUCAND Dominique, *Histoire de l'hypnose en France*, Paris, PUF, 1967.

BELLET Patrick, PAGNARD Geneviève, « L'hypnose » *in* G. Lopez et A. Sabouraud-Séguin (dir.), *Psychothérapie des victimes*, Paris, Dunod, 1998.

BELLET Patrick, *Hostellerie « Au lion d'or ». Accueil de tradition, confort moderne, hypnose à tous les étages*, Actes du 2e Forum francophone d'hypnose et de thérapies brèves, Vaison-la-Romaine, Éd. de l'Arbousier, 2001.

BELLET Patrick, « Hypnose und depression », *in* B. Peter et G. Schmidt, *Erickson in Europa*, Heidelberg, Carl Auer, 1992.

BELLET Patrick, « Hypnose ericksonienne et rééducation fonctionnelle », *Kinésithérapie scientifique*, n° 326, 1993.

BENAYOUN Robert, *Les Dingues du* nonsense, Paris, Seuil, 1986.

BENHAÏEM Jean-Marc, *Hypnose et effet placebo*, Actes du 1er Forum francophone d'hypnose et de thérapies brèves, Vaison-la-Romaine, Éd. de l'Arbousier, 1998.

BERNHEIM Hippolyte, *Hypnotisme, suggestion, psychothérapie*, Paris, Fayard, 1995.

BIANCHI Bruno, *La Musique et la transe*, Actes du 1er Forum francophone d'hypnose et de thérapies brèves, Vaison-la-Romaine, Éd. de l'Arbousier, 1998.

BRAID James, *Neurypnology or the rational of nervous sleep, considered in relation with animal magnetism*, Churchill, 1843.

CONTY Patrick, *L'Esprit du labyrinthe*, Paris, Albin Michel, 1997.

COUÉ Émile, *Œuvres complètes*, Paris, Astra, 1976.

CUVELIER André, *Hypnose et Suggestion*, Nancy, Presses universitaires de Nancy, 1987.

DAUVEN Jean, *Les Pouvoirs de l'hypnose*, Paris, Éditions Planète, 1965.

DECETY Jean, « Neurobiologie des représentations mentales motrices », *Psychologie médicale*, 24, 3, 1992, p. 261-265.

DE FARIA, *De la cause du sommeil lucide ou étude de la nature de l'homme*, Paris, Jouve, 1906.

DELEUZE J.-P.-F., *Histoire critique du magnétisme*, Paris, Mame, 1813.

DELEUZE J.-P.-F., *Instruction pratique sur le magnétisme animal*, Paris, Dentu, 1825.

DERONZIER Claude, *Hypnose et faim de vie*, Actes du 2e Forum francophone d'hypnose et de thérapies brèves, Vaison-la-Romaine, Éd. de l'Arbousier, 2001.

DERONZIER Claude, « Apport de l'hypnose ericksonienne à l'accompagnement des mourants », in *Manuel de soins palliatifs*, Paris, Dunod, 2001.

DURAND J.P. (de Gros), *Le Merveilleux scientifique*, Paris, Alcan, 1894.

DUSSY Didier, *Place de l'hypnose au cabinet dentaire*, Actes du 1er Forum francophone d'hypnose et de thérapies brèves, Vaison-la-Romaine, Éd. de l'Arbousier, 1998.

EPICTÈTE, *Manuel d'Epictète*, Paris, Le Livre de poche, 2000.

ERICKSON, Elizabeth, *in* Zeig Jeffrey K., *Experiencing Erickson : an introduction to the men and his work*, Brunner and Mazel, New York, p. 7-12, 1985.

ERICKSON Milton H., *L'Hypnose thérapeutique*, Paris, ESF, 1986.

ERICKSON Milton H., *L'Intégrale des articles de Milton H. Erickson*, 4 tomes, Bruxelles, Satas, 1999.

ESPINOSA Jean-Claude, *Alcoolisme : de la psychopathologie aux thérapies éricksoniennes*, Actes du 1er Forum francophone d'hypnose et de thérapies brèves, Vaison-la-Romaine, Éd. de l'Arbousier, 1998.

FARELLY Frank, *La Thérapie provocatrice*, Montréal, Actualisation, 1989.

FAYMONVILLE M.-É., MEURISE M., FISSETTE J., « Hypnosedation : a valuable alternative to traditional anaesthetic techniques », *Acta Chir. Belg.*, 99, 1999, p. 141-146.

FAYMONVILLE M.-É., MAMBOURG P.-H., JORIS J., VRIJENS B., FISSETTE J. ALBERT A., LAMY M., « Psycological approaches during conscious sedation Hypnosis versus stress reducing strategies : a prospective randomized study », *Pain*, 73 : 361-367, 1997.

FAYMONVILLE M.-É. *et al.*, « Neural mechanisms of antinociceptive effects of hypnosis », *Anesthesiology*, 92, 2000, p. 1257-1267.

FAYMONVILLE M.-É., JORIS J., LAMY M., « Comment utiliser l'hypnose en anesthésie », *Le praticien en Anesthésie-Réanimation*, 4 : 345-348, 2000.

FAYMONVILLE M.-É., *L'Hypnose en milieu hospitalier*, Actes du 2e Forum francophone d'hypnose et de thérapies brèves, Vaison-la-Romaine, Éd. de l'Arbousier, 2001

FIGUIER Louis, *Histoire du Merveilleux*, Paris, Hachette, tome 3, 1860.

FONTAN J., « Les effets de la suggestion hypnotique dans les affections *cum materia* du système nerveux », *Revue de l'hypnotisme*, 1890, p. 134.

FOURNIER Édouard, *Histoire des enseignes de Paris*, Paris, Dentu, 1884.

FORSTER Alain, *Hypnose médicale en cas d'urgence*, Actes du 1er Forum francophone d'hypnose et de thérapies brèves, Vaison-la-Romaine, Éd. de l'Arbousier, 1998.

FRANKL Viktor E., *La Psychothérapie et son image de l'homme*, Le Centurion-Resma, 1977.

GAULD Alan, *A History of Hypnotism*, Cambridge, Cambridge University Press, 1992.

HALEY Jay, *Milton H. Erickson : un thérapeute hors du commun*, Paris, EPI, 1985.

HALEY Jay, *Les Stratégies de la psychothérapie*, Toulouse, Érès, 1993.

HALEY Jay, *Advanced Techniques of Hypnosis and Therapy. Selected papers of Milton Erickson*, New York, Grune and Stalton publishers, p. 1-6, 1967.

HEYNEN Yves-Gabriel, *Pourquoi est-il nécessaire de connaître Erickson et l'approche éricksonienne dans un service de chirurgie vasculaire ?,* Actes du 1er Forum francophone d'hypnose et de thérapies brèves, Vaison-la-Romaine, Éd. de l'Arbousier, 1998.

JODOROWSKY Alexandro, *Le Doigt et la Lune*, Paris, Albin Michel, 1997.

KÉROUAC Michel, *La Métaphore thérapeutique et ses contes*, North Hatley, MKR éditions, 1996.

LAURENCE J-R., PERRY C., *Hypnosis, Will and Memory*, New York, Guilford Press, 1988.

LIÉBEAULT Ambroise, *Le Sommeil provoqué et les états analogues*, Paris, Doin, 1894.

LOFTUS Elizabeth, KETCHAM Katherine, *Le Syndrome des faux souvenirs,* Paris, Éditions Exergue, 2001.

LOPEZ Gérard, SABOURAUD-SÉGUIN A., *Psychothérapie des victimes*, Paris, Dunod, 1998.

MALAREWICZ Jacques-Antoine, *La Stratégie en thérapie ou l'hypnose sans hypnose de Milton H. Erickson*, Paris, ESF, 1988.

MALAREWICZ Jacques-Antoine, *Cours d'hypnose clinique*, Paris, ESF, 1990.

MALAREWICZ Jacques-Antoine, GODIN Jean, *Milton H. Erickson. De l'hypnose clinique à la psychothérapie stratégique*, Paris, ESF, 1990.

MAQUET P., FAYMONVILLE M.-É., DEGUELDRE C., DELFIORE G., FRANCK, LUXEN A., LAMY M., « Fonctional neuroanatomy of hypnotic state », *Biol Psychiatry*, 45 : 327-333, 1999.

MARC Edmond, PICARD Dominique, *L'École de Palo Alto*, Paris, Retz, 1983.

MARCHAND Pierre *et coll.*, *Secrets des anamorphoses,* Paris, Gallimard Jeunesse, 1995.

MEGGLÉ Dominique, *Les Thérapies brèves*, Paris, Retz, 1990.

MEGGLÉ Dominique, *Hypnose profonde et thérapies brèves*, Actes du 2e Forum francophone d'hypnose et de thérapies brèves, Vaison-la-Romaine, Éd. de l'Arbousier, 2001.

MELCHIOR Thierry, *Créer le réel*, Paris, Seuil, 1998.

MELCHIOR Thierry, *Hypnose fermée, hypnose ouverte*, Actes du 2e Forum francophone d'hypnose et de thérapies brèves, Vaison-la-Romaine, Éd. de l'Arbousier, 2001.

MELLOUL S. *Hypnose et deuxième souffle. À propos d'une greffe de poumons*, Actes du 2e Forum francophone d'hypnose et de thérapies brèves, Vaison-la-Romaine, Éd. de l'Arbousier, 2001.

MESMER Franz-Anton, *Le Magnétisme animal*, Paris, Payot, 1971.

MESMER Franz-Anton, *Mémoires de 1779 et 1799*, Vaison-la-Romaine, Institut Milton-Erickson d'Avignon-provence, 1995.

MEURISSE M., HAMOIR E., DEFECHEREUX T., GOLLOGLY L., DETRY O., POSTAL A., JORIS J., FAYMONVILLE M.-É., « Bilateral neck exploration under hypnosedation », *Annals of Surgery*, 3 : 401-408, 1999.

MIGNOT Joëlle, *L'Hypnose : une voie à double sens*, Actes du 2e Forum francophone d'hypnose et de thérapies brèves, Vaison-la-Romaine, éd. de l'Arbousier, 2001.

MOLINIÉ Georges, *Dictionnaire de rhétorique*, Paris, Le Livre de poche, 1993.

MULHERN Sherrill, « Le trouble de la personnalité multiple : vérités et mensonges du sujet », in *La Maladie mentale en mutation*, Paris, Éditions Odile Jacob, 2001

NABATI Moussa, *L'Humour-thérapie*, Neuilly-Plaisance, Bernet-Danilo éditions, 1997.

PUYSÉGUR, marquis de, *Mémoire pour servir à l'histoire et à l'établissement du magnétisme animal,* Paris, Dentu, 1785.

Rapport des Commissaires chargés par le Roi de l'Examen du Magnétisme Animal, Paris, Imprimerie Royale, 1784.

RIFFARD Pierre A., *L'Ésotérisme*, Paris, Robert Laffont, 1996.

ROBLES Teresa, ABIA Jorge, *Auto-hypnose*, Actes du 1er Forum francophone d'hypnose et de thérapies brèves, Vaison-la-Romaine, Éd. de l'Arbousier, 1998.

RODARI Gianni, *Grammaire de l'imagination*, Rue du monde, 1997.

ROSEN Sidney, *Ma voix t'accompagnera*, Paris, Homme et Groupes, 1986.

SCHACTER Daniel L., *À la recherche de la mémoire*, Paris, De Boeck Université, 1999.

SHAH Idries, *Apprendre à connaître*, Paris, Le Courrier du livre, 2001.

SHAH Idries, *Contes derviches*, Paris, Le Courrier du livre, 2000.

SIMONDS Caroline, WARREN B., *Le Rire médecin*, Paris, Albin Michel, 2001.

SPANOS Nicolas P., *Faux souvenirs et désordre de la personnalité multiple*, Paris, De Boeck Université, 1998.

TOUYAROT Armelle, *La Préparation à l'événement*, Actes du 2e Forum francophone d'hypnose et de thérapies brèves, Vaison-la-Romaine, Éd. de l'Arbousier, 2001.

VARLET Théo, *Aux îles bienheureuses*, Grasse, Éditions de l'Artisan, 1925.

VEILLEUX Léon, *Le Recadrage éricksonien*, Actes du 1er Forum francophone d'hypnose et de thérapies brèves, Vaison-la-Romaine, Éd. de l'Arbousier, 1998.

VINCHON Jean, *Mesmer et son secret*, Amédée Legrand éditeur, 1936.

WATZLAWICK P., WEAKLAND J., FISCH R., *Changements*, Paris, Seuil, 1981.

WATZLAWICK P., *Faites vous-même votre malheur*, Paris, Seuil, 1984.

WATZLAWICK P., NARDONE Giorgio, *L'Art du changement*, Le Bouscat, L'Esprit du temps, 1993.

WEITZENHOFFER André, *Hypnose et suggestion*, Paris, Payot, 1967.

WINTER Alison, *Mesmerized. Powers of mind in Victorian Britain*, The University of Chicago Press, 1998.

YAPKO Michaël D., *Hypnosis and the treatment of depressions*, New York, Brunner et Mazel, 1992.

ZEIG Jeffrey K., *La Technique d'Erickson*, Paris, Hommes et Groupes, 1988.

ZEIG Jeffrey K., *Un séminaire avec Milton H. Erickson*, Bruxelles, Satas, 1997.

Remerciements

Je tiens tout d'abord à remercier Monsieur le Professeur Édouard Zarifian qui a eu l'idée de ce livre, m'a conseillé judicieusement et fait confiance pour le réaliser, Odile Jacob qui a pris le risque d'une telle entreprise, Catherine Meyer dont les talents d'organisation m'ont considérablement aidé à démêler l'écheveau du manuscrit.

Ce livre est le fruit de rencontres, la première a été la découverte de la revue *Planète* qui a éveillé une curiosité pour des réalités atypiques et a orienté très tôt mon parcours professionnel.

D'autres échanges ont compté ; avec des confrères ouverts et inventifs, trop nombreux (quelle chance !) pour être nommés ici et qui ont jalonné ce chemin.

Et les rencontres, sans qui ce travail n'aurait pas de sens, les rendez-vous avec mes patients qui m'ont fait devenir thérapeute.

Qu'ils en soient tous remerciés.

Table

Chapitre 2
Qu'est-ce que l'hypnose ?

Chapitre 3

LES MÉCANISMES DE L'HYPNOSE

Chapitre 4
SOIGNER AVEC L'HYPNOSE

Chapitre 5

L'ÉTHIQUE OU LA VÉRITÉ SUR L'HYPNOSE ?

Chapitre 6

LA RECHERCHE SCIENTIFIQUE

Ouvrage proposé par Édouard Zarifian
et publié sous la responsabilité de Catherine Meyer

Crédit des illustrations

Page 15 : Cliché Bibliothèque Nationale de France, Paris.

Page 16 : Musée d'histoire de la médecine et de la pharmacie, Lyon.

Pages 21, 38, 93, 94 : collection particulière.

Pages 47, 48 : clichés Filiatre (D. R.).

Page 128 : *Ceci continue de ne pas être une pipe* de René Magritte. © Adagp, Paris 2002.

Page 152, 153 : graphiques Sandrine Auclair

Page 221 : conception Patrick Bellet, réalisation Dominique Renoux.

CET OUVRAGE A ÉTÉ COMPOSÉ ET MIS EN PAGES
CHEZ NORD COMPO (VILLENEUVE-D'ASCQ)
ET ACHEVÉ D'IMPRIMER SUR ROTO-PAGE
PAR L'IMPRIMERIE FLOCH (MAYENNE)
EN FÉVRIER 2002

N° d'impression : 53674.
N° d'édition : 7381-1133-X.
Dépôt légal : février 2002.
Imprimé en France